城市轨道交通行车安全心理学

主　编　邹　雄　黄于桃　刘郭平
副主编　李　明　于亚峰

西南交通大学出版社
·成都·

图书在版编目（CIP）数据

城市轨道交通行车安全心理学 / 邹雄，黄于桃，刘郭平主编. -- 成都：西南交通大学出版社，2025.1.
ISBN 978-7-5774-0343-4

Ⅰ. U298.1-05

中国国家版本馆 CIP 数据核字第 2025DH0771 号

Chengshi Guidao Jiaotong Xingche Anquan Xinlixue
城市轨道交通行车安全心理学

主　编／邹　雄　黄于桃　刘郭平	策划编辑／吴　迪
	责任编辑／孟　媛
	封面设计／原谋书装

西南交通大学出版社出版发行

（四川省成都市金牛区二环路北一段 111 号西南交通大学创新大厦 21 楼　610031）

营销部电话：028-87600564　　028-87600533

网址　https://www.xnjdcbs.com

印刷：成都蜀通印务有限责任公司

成品尺寸　　185 mm×260 mm

印张　11.5　　字数　233 千

版次　2025 年 1 月第 1 版　　印次　2025 年 1 月第 1 次

书号　ISBN 978-7-5774-0343-4

定价　39.00 元

课件咨询电话：028-81435775

图书如有印装质量问题　本社负责退换

版权所有　盗版必究　举报电话：028-87600562

前　言

近年来，城市轨道交通在中国的覆盖范围逐渐扩大，成为人们日常出行的首选。交通运输部数据显示，截至 2024 年 11 月，我国 31 个省（区、市）和新疆生产建设兵团共有 54 个城市开通运营城市轨道交通线路 313 条，运营里程达 10455 千米。与此同时，城市轨道交通安全运行的压力和挑战日益加大，人民群众对轨道客运的品质要求也越来越高。2018 年，《国务院办公厅关于保障城市轨道交通安全运行的意见》中提出，要"坚持以人民为中心的发展思想，把人民生命财产安全放在首位，不断提高城市轨道交通安全水平和服务品质"，"为广大人民群众提供安全、可靠、便捷、舒适、经济的出行服务"。

在与轨道交通安全相关的工作人员中，轨道列车司机在轨道交通系统中扮演着至关重要的角色，他们的专业技能和心理素质直接影响着轨道交通的安全。为此，国家相继出台了多项与轨道列车司机相关文件，对轨道列车司机的心理素质提出了明确的要求。2018 年 5 月，交通运输部颁布的《城市轨道交通运营管理规定》提出，运营单位应当对列车驾驶员定期开展心理测试，对不符合要求的及时调整工作岗位；《国家职业技能标准——轨道列车司机（2019 年版）》将心理健康与心理能力方面的测试纳入了轨道列车司机的基本要求。这些国家文件的提出均表明了轨道列车司机的心理素质在其驾驶工作中的重要性。

为了体现国家对轨道交通行业的最新要求，本书以《轨道列车司机国家职业技能标准》为基础，通俗易懂地阐述了影响行车安全的心理健康、心理能力、心理适应等方面的专业知识，为提升轨道列车司机的心理素质水平，保障轨道交通驾驶安全提供教育支持。本教材集结了具有丰富行业经验的教师和轨道企业人员共同编写，集合了两方人员共同的智慧和经验，确保其内容既符合专业教学的需求，同时又贴合轨道交通行业的实际运营。

本书由重庆公共运输职业学院邹雄、黄于桃、刘郭平任主编，由重庆市铁路（集团）有限公司李明与重庆公共运输职业学院于亚峰任副主编，由重庆大学心理学教授李志担任主审。全书编写与修订工作分工如下：邹雄负责第一章至第五章，黄于桃负责第六章及附录部分，刘郭平负责第七章，于亚峰负责第八章，李明负责轨道行业标准、事故案例等内容。

本书得到重庆市铁路（集团）有限公司、重庆轨道交通集团的大力支持，在此表示衷心感谢。

由于轨道行业不断发展与变化，加上编者能力有限，书中难免有不足之处，恳请有关专家、教师、学员提出宝贵意见。

编　者

2024 年 11 月

目 录

认知篇：认识行车安全心理学

第一章　认识城市轨道交通行车安全 ……………………………………… 3
　　第一节　认识轨道列车司机 ……………………………………………… 4
　　第二节　城市轨道交通行车安全 ………………………………………… 10
　　第三节　城市轨道交通安全事故 ………………………………………… 15

第二章　认识行车安全心理学 ……………………………………………… 21
　　第一节　认识心理学 ……………………………………………………… 22
　　第二节　心理健康与行车安全 …………………………………………… 28
　　第三节　轨道列车司机的心理测试 ……………………………………… 34

心理篇：行车安全从心开始

第三章　情绪与行车安全 …………………………………………………… 45
　　第一节　认识情绪 ………………………………………………………… 46
　　第二节　负面情绪对轨道列车司机的影响 ……………………………… 54
　　第三节　轨道列车司机的情绪复原 ……………………………………… 58

第四章　轨道列车司机的价值取向 ………………………………………… 64
　　第一节　认识价值取向 …………………………………………………… 65
　　第二节　轨道列车司机的价值取向 ……………………………………… 70
　　第三节　轨道列车司机的职业倦怠 ……………………………………… 75

第五章　轨道列车司机的个性特质 ………………………………………… 81
　　第一节　认识个性 ………………………………………………………… 82
　　第二节　轨道列车司机的个性特质 ……………………………………… 88
　　第三节　轨道列车司机的个性测试 ……………………………………… 93

第六章　认知能力与行车安全 ……………………………………………… 99
　　第一节　认知概述 ………………………………………………………… 100
　　第二节　轨道列车司机的认知能力 ……………………………………… 105
　　第三节　认知能力的测试与评价 ………………………………………… 111

第七章　心理适应与行车安全 ········· 116
第一节　认识心理适应 ········· 117
第二节　轨道列车司机的心理调适 ········· 120
第三节　轨道列车司机的心理适应测试 ········· 128

第八章　轨道乘客心理与行为分析 ········· 136
第一节　轨道乘客的需求 ········· 137
第二节　轨道乘客群体心理 ········· 145
第三节　轨道乘客的不安全行为 ········· 150

附　录 ········· 156
附录1：轨道列车司机国家职业技能标准 ········· 156
附录2：城市轨道交通列车驾驶员技能和素质要求 ········· 166
附录3：城市轨道交通列车司机心理素质测试规范 ········· 171

参考文献 ········· 177

认知篇：

认识行车安全心理学

【篇章导航】

城市轨道交通作为公共服务设施，承担着为成千上万的市民提供便捷、高效、安全出行服务的社会责任，而行车安全直接关系到每一位乘客的生命安全，任何微小的疏忽或故障都可能引发严重的后果。因此，确保行车安全是城市轨道交通运营的首要任务。

影响城市轨道交通行车安全的因素很多，包括人员因素、设备因素、环境因素以及管理因素等。在人员因素当中，心理因素占有非常大的比重，列车司机的心理素质是否过硬、心理状态是否正常，都会影响到他们驾驶过程中的每一个判断与决策。因此，为确保行车安全，不仅仅要训练列车司机的技能，还需要对其心理素质与状态进行定期检测，通过各种方式提升司机的心理素质和应对能力，为行车安全提供有力保障。

在了解轨道交通安全行车安全心理学知识之前，我们需要熟悉轨道列车司机的职业要求，并对心理学相关的概念、心理学的研究方法与内容有基本认知，如此才能够为后续学习行车心理相关内容做好铺垫。

【篇章目标】

◆ 了解轨道列车司机这一职业的岗位职责与基本要求
◆ 掌握城市轨道交通行车安全的影响因素
◆ 熟悉轨道交通安全事故、险性事件的分类
◆ 了解心理健康、心理问题、心理测试等心理学基本概念
◆ 理解轨道交通行车安全心理学的相关概念与内容
◆ 理解心理学与轨道行车安全之间的关联

【篇章内容】

◆ 第一章 认识城市轨道交通行车安全
◆ 第二章 认识行车安全心理学

第一章　认识城市轨道交通行车安全

【知识目标】

◇ 了解轨道列车司机的概念、岗位职责、基本要求
◇ 理解城市轨道交通行车安全的概念与内容
◇ 掌握城市轨道交通行车安全的影响因素
◇ 掌握城市轨道交通安全事故的概念与分级
◇ 熟悉城市轨道交通运营险性事件的概念、类型

【能力目标】

◇ 能够判断城市轨道交通运营突发事件的类别
◇ 能够分析城市轨道交通行车安全的影响因素

【关键概念】

◇ 轨道列车司机、行车安全、轨道交通安全事故、轨道交通运营险性事件

【知识框架】

```
                                  ┌── 轨道列车司机的岗位职责
                                  ├── 轨道列车司机的基本要求
               ┌── 认识轨道列车司机 ┤
               │                  ├── 轨道列车司机的技能要求
               │                  └── 轨道列车司机的其他要求
认识城市轨道    │
交通行车安全 ───┼── 城市轨道交通行车安全 ┬── 认识城市轨道交通行车安全
               │                       └── 轨道交通行车安全的影响因素
               │                       ┌── 城市轨道交通运营突发事件
               └── 城市轨道交通安全事故 ┼── 城市轨道交通运营险性事件
                                       └── 城市轨道交通行车事故
```

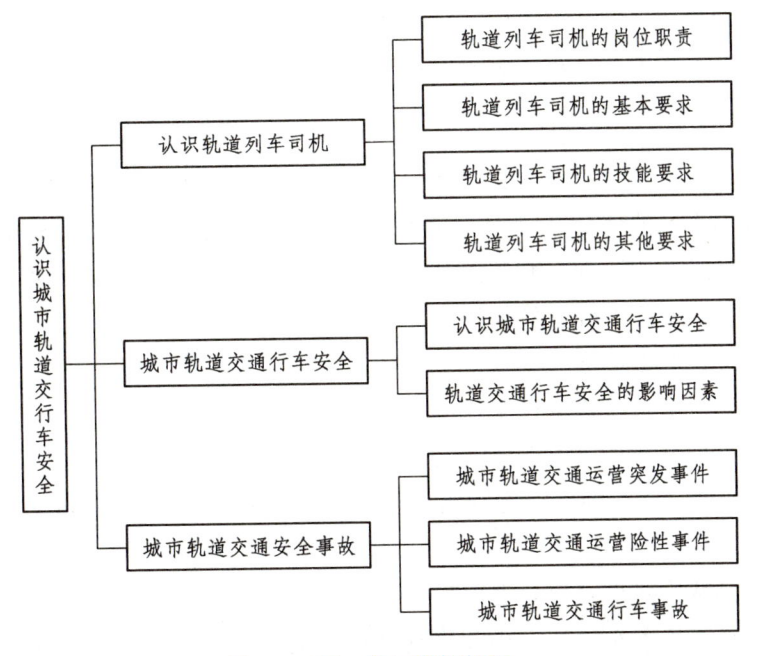

图 1.1　第一章知识框架图

第一节　认识轨道列车司机

（一）轨道列车司机的岗位职责

1. 轨道列车司机的概念

轨道交通作为城市群的大动脉，不仅能打通城市圈的内部交流、助推城市空间优化，更是城市发展进程的新名片。

轨道列车司机是确保列车安全行驶的关键人物，他们通过熟练掌握列车操作技能，严格遵守安全规章制度，时刻保持警惕，确保列车在轨道上平稳、安全运行，从而最大限度地保障乘客的生命安全。

"轨道列车司机"也称为"轨道交通列车驾驶员"，根据《轨道列车司机（城市轨道交通列车司机）国家职业技能标准》相关规定，轨道列车司机的定义如下：

图 1.2　轨道列车司机

轨道列车司机（Train Driver）（城市轨道交通列车司机）指从事地铁、轻轨等城市轨道交通列车驾驶的人员。

目前，全国城市轨道交通列车司机有 8 万余人，这些司机分布在全国各大城市的轨道交通网络中，他们凭借专业的技能和敬业的精神，为城市轨道交通的安全、高效运行提供了有力保障，确保着城市公共交通的顺畅运行。

2. 轨道列车司机的岗位职责

轨道列车司机是一个专业技术性强、责任重大的职业。这个职业看似平凡，实际上却承担着不平凡的使命。"手柄轻四两、责任重千斤"，这是对城市轨道交通列车司机最好的形容，他们用忠诚、担当、奉献串联起每一座车站，让城市出行更加畅通高效。

根据《中华人民共和国职业分类大典》中对"轨道交通列车司机"这一职业的相关描述，其岗位职责如下：

（1）接受、记录、传达行车指示、命令；

（2）进行城轨列车技术性能试验，办理交接手续；

（3）驾驶城轨列车驶入指定线路、位置，连接列车车辆，进行列车制动和电气性能试验；

（4）牵引城轨列车运行，进行车机联控；

（5）检查城轨列车运行途中和终到站后关键部位状态，应急处理运行途中列车故障；

（6）填写台账、报告，办理退乘。

城市轨道交通列车司机是关乎人民群众生命安全的一个重要职业，担负着为人民群众提供安全、可靠、便捷、舒适通勤服务的重任。

（二）轨道列车司机的基本要求

轨道列车司机是城市轨道交通当中的核心岗位，需要具备良好的职业道德，掌握过硬的基础知识，具备良好的心理素质，以应对各种复杂和危险的情况，确保列车的安全运行和乘客的安全。

根据《轨道列车司机（城市轨道交通列车司机）国家职业技能标准》相关规定，轨道列车司机这一职业的基本要求如下（具体见附录1）。

图 1.3 轨道列车司机国家职业技能标准

1. 职业道德

职业道德对于任何职业来说都非常重要，特别是对于轨道列车司机这样关乎乘客生命安全的职位来说，职业道德的重要性更是不言而喻。

轨道列车司机对职业道德的要求如下：

（1）掌握职业道德基本知识；

（2）遵守职业守则。

具体要求如下：

遵纪守法，爱岗敬业；

服从命令，规范操作；

安全正点，钻研业务；

节能降耗，团结协作。

职业道德不仅关乎司机的个人品质和职业操守，更直接关系到乘客的安全和整个轨道交通系统的顺畅运行，是保障统安全运行的重要基石。

2. 基础知识

轨道列车司机需掌握扎实的职业相关基础知识，这对于确保列车的安全运行和提供高质量的服务至关重要，他们必须接受系统的专业培训，并通过考试和实践来检验专业知识，如此才能胜任这个重要的工作，确保列车的安全运行和乘客的满意。

轨道列车司机需掌握的基础知识如下：

（1）设备、工具的使用与维护知识。

设备、工具的使用与维护知识具体包括仪器、仪表、工具的使用，电路图识图基础知识及常用电气符号，电磁感应基础知识，电机的结构、作用以及基本原理，常用控制电器种类、结构及作用，机械传动知识，机械识图知识，计算机基础知识。

（2）行车知识。

行车知识具体包括行车组织规则和作业标准，车辆基地功能、运作等知识，行车线路线网构架基础知识，列车运行控制基础知识，列车运行图基础知识。

（3）车辆知识。

车辆知识具体包括车辆结构、组成和功能基础知识，车辆牵引系统、制动系统、门系统、辅助系统、走行部等基础知识。

（4）通信信号知识。

通信信号知识具体包括车载信号设备知识，驾驶模式知识，人机交换界面知识，通信设备知识。

（5）供电、轨道线路和站台门知识。

供电、轨道线路和站台门知识具体包括供电系统组成，轨道线路组成，站台门基础知识。

（6）安全基本知识。

安全基本知识具体包括消防安全知识，用电安全知识，行车安全知识，公共安全防范知识，交通安全知识。

（7）应急处置知识。

应急处置知识具体包括行车应急预案知识，车辆简单故障处理方法，通信信号简单故障处理方法，站台门应急处置方法，突发事件应急处置方法。

（8）相关法律、法规知识。

相关法律、法规知识具体包括《中华人民共和国劳动法》《中华人民共和国安全生产法》《中华人民共和国突发事件应对法》《中华人民共和国消防法》《中华人民共和国特种设备安全法》《中华人民共和国反恐怖主义法》《生产安全事故报告和调查处理条例》等相关知识。

（9）其他知识。

其他知识具体包括《国务院办公厅关于保障城市轨道交通安全运行的意见》《国家城市轨道交通运营突发事件应急预案》《城市轨道交通运营管理规定》、城市轨道交通安全运营管理等相关知识。

3. 心理测试

为了确保轨道列车司机具备稳定的心理状态，从而保障列车的安全运行，需定期开展心理测试，具体的心理测试内容如下。

（1）心理健康。

心理健康具体包括情绪复原，价值取向，个性特征。

（2）心理能力。

心理能力具体包括认知能力（判断力、注意力、学习能力），心理适应能力。

（三）轨道列车司机的技能要求

轨道列车司机除了满足基本要求外，还需要掌握诸多职业技能来应对各种各样的工作状况。

这些技能包括了列车操作、列车故障处理、非正常行车及突发事件应急处置、列车救援等。通过不断学习和实践，列车司机可以不断提高自己的工作能力和职业水平。

根据中华人民共和国交通运输行业标准《城市轨道交通列车驾驶员技能和素质要求》有关规定，轨道列车司机需掌握的技能如下（具体见附录2）。

1. 基本技能

（1）出退勤作业。

掌握出退勤作业的流程及内容，正确完成出退勤作业。

（2）列车整备作业。

掌握一次出乘准备、列车动静态检查等作业内容，正确完成列车整备作业

（3）列车出入场作业。

掌握列车出入场作业流程，正确完成列车出入场作业。

（4）正线驾驶作业。

掌握不同驾驶模式的列车操纵、折返作业、列车客室车门/站台门开关作业、交接班作业，线路限速、进出站作业的驾驶要求，正确完成正线驾驶作业。

图 1.4　城市轨道交通列车驾驶员技能和素质要求

（5）车辆基地作业。

掌握列车洗车、调车、试车线作业流程，正确完成车辆基地作业。

（6）行车命令执行作业。

掌握行车标准用语，正确完成行车命令的接收、复诵、执行和交接作业。

（7）列车设备基本操作。

掌握列车客室车门、站台门、列车广播、人机界面、车载空调和照明等操作方法，正确完成列车设备的基本操作。

（8）正线配合调试作业。

掌握正线调试的作业流程和安全关键点，正确完成正线配合调试作业。

2. 专业技能

（1）非正常情况下的行车作业。

掌握突发事件、设备故障和恶劣天气条件下的行车要求，严格按照标准术语及处置流程及时报告突发事件，正确完成非正常情况下的行车作业。

（2）列车故障应急处置作业。

掌握列车制动故障、列车客室车门故障、牵引故障、通信信号故障等常见故障诊断方法以及应急升弓等应急情况操作方法，正确完成相关应急操作。

（3）列车故障救援作业。

掌握列车故障救援程序，正确完成故障车或救援车的准备、连挂和运行作业。

（4）乘客应急疏散作业。

掌握乘客应急疏散程序，正确完成各种情况下的乘客应急疏散作业。

（四）轨道列车司机的其他要求

除了以上对知识、技能、职业道德等方面的要求外，轨道列车司机还在身体素质、岗前考核、继续教育等方面有着严格要求。

根据《城市轨道交通列车驾驶员技能和素质要求》有关规定，其要求具体如下（见附录2）。

1. 身体素质要求

（1）年满18周岁，男性不超过55周岁，女性不超过50周岁。

（2）身高不低于160 cm，不高于190 cm。

（3）身体健康，无精神病史或癫痫病史，无运动功能障碍或妨碍安全驾驶的疾病。

（4）双眼裸眼视力不低于0.8（4.9）或矫正视力不低于1.0（5.0），无色盲、色弱，听力正常。

（5）无酗酒、赌博等不良嗜好，无吸毒等违法犯罪记录。

2. 上岗要求

（1）列车驾驶员上岗前应符合下列要求：

① 接受不少于300学时的理论知识培训和不少于2个月的岗位技能培训；

② 通过理论知识考试和岗位技能考试；

③ 在经验丰富的列车驾驶员指导和监督下驾驶，里程不少于5000 km。

（2）列车驾驶员离开驾驶岗位连续6个月以上，应经过学习考试，合格后方可继续上岗。

（3）列车驾驶员转入不同线路从事驾驶工作前，应经过学习考试。

3. 继续教育

（1）列车驾驶员上岗后每年应接受不少于 80 学时的继续教育，继续教育内容除应包括理论知识和岗位技能外，还应包括相关政策法规、事故案例和行业新技术等。

（2）列车驾驶员应每 3 年参加 1 次继续教育考试，通过后方可继续从事列车驾驶工作。

（3）列车驾驶员的培训，考试和继续教育等情况应纳入运营单位的人员档案。

【拓展阅读 1.1】

如何成长为一名地铁"老司机"

周翔是一位来自安徽的小伙，2019 年他进入湖南铁路科技职业技术学院，主修城市轨道交通车辆专业。"我们这个专业除了驾驶技术，还要学习车辆构造、车辆检修等一系列课程。"

大三实习时，周翔被安排在广州地铁跟着有经验的师傅跑车、学技术。因实习生不能在正式的车辆段开动地铁，只能在试车线进行训练。"第一次推杆、车辆缓缓启动时，我激动坏了，感觉这三年没白学。"周翔说，那时学校还没有真实的地铁驾驶设备，只有模拟驾驶系统。实习时，他一有空就会去试车线请教师傅。

图 1.5　地铁老司机

2020 年 9 月，长沙地铁公司从湖南铁路科技职业技术学院 2019 级学生中选拔 130 名学员，组建长沙地铁订单班。其中包括地铁司机班学员 40 人，周翔位列其中。

2022 年，周翔毕业后进入长沙地铁公司。每一名地铁司机正式上岗前，都要接受大量培训，包括安全意识教育、实操课程、跟车学习、心理素质、应急事件处理等。通过一系列考核、跟车实习后才能正式上岗。8 个月的培训期间，周翔每天都要在凌晨 3 点半来试车线，在地铁非运营时段进行驾驶学习。"我没觉得这种日子辛苦，现在想想那时起床学车还蛮有意义的。"周翔说。

列车启动、牵引、制动、开关车门、发车，每个环节都不能掉以轻心，随便一个小错都可能酿成重大安全事故。由于严苛的驾驶标准，地铁司机这份工作有些"起早贪黑""日复一日"，可周翔却乐此不疲。他觉得，这份工作带给了他快乐。

周翔说，上班第一年，他就瘦了一圈。列车到站后，司机一般会用手比画、呼唤，这是一套必须做的动作。然后开门、下车，在门旁等候一会儿，再做一套确认动作，才能发车前往下一站。业内人将这套动作称为"手指、眼看、嘴呼唤"。这套动作，周翔每天要重复几百次。

看着乘客在地铁上穿梭、往返,周翔会有一种满满的成就感。"驾驶员的背后乘客万千,是无数个家庭,无数个生命,要确保事故率为零。"周翔说,他热爱这份工作,为当初选择这个专业感到幸运,也是这份工作让他的人生充满意义。

——引自华声在线

第二节 城市轨道交通行车安全

(一)认识城市轨道交通行车安全

城市轨道交通行车安全(Urban Rail Transportation Safety)指在城市轨道交通系统中,确保轨道列车在运送乘客的过程中,能够遵循规定的运行规则和安全标准,避免发生任何可能导致人员伤亡、设备损坏或运营中断的不安全事件。

在保障城市轨道交通安全的工作中,城市轨道交通行车安全是非常重要的一环,它直接关系到乘客和工作人员的生命财产安全,以及城市轨道交通系统的正常运营和服务质量。

城市轨道交通行车安全具体包括了如下方面。

1. 行车相关人员的安全生产

行车相关人员包括轨道列车司机、行车调度员、行车值班员等,他们是城市轨道交通运营的核心。

行车相关人员的安全生产直接关系到轨道行车安全,他们是城市轨道交通系统中直接参与行车操作、监控和管理的关键人员,其安全意识、操作技能、应急处置能力以及工作态度等都会直接影响到列车的运行状态和乘客的安全。因此,确保行车人员的安全,就是保障整个城市轨道交通系统安全运营的基础。

为了确保行车相关人员具备安全生产的专业素养、操作技能以及应对突发情况的能力,轨道运营企业需确保行车相关人员的选拔标准严格,包括专业技能、安全意识、健康状况等方面都要符合相关要求。

同时,轨道运营企业应为行车相关人员提供全面的专业培训,包括列车操作、信号识别、应急处置等,确保他们具备足够的专业知识和技能。在工作期间,应定期对其进行考核,评估行车人员的专业水平和应对突发情况的能力,对不合格者进行再培训或调整岗位,防止人为失误导致的事故。

2. 乘客的安全保障

乘客是轨道交通服务的核心，他们的安全是轨道交通系统最重要的考虑因素之一。

乘客安全保障涉及多个方面，包括乘车环境的安全、紧急情况的应对措施、安全信息的传递等，这些措施的有效实施，能够显著提高乘客的安全感，减少意外事故的发生。

轨道交通系统应确保车站和车厢内的设施安全、环境整洁，为乘客提供安全的乘车环境。例如，应定期检查车站和车厢内的照明、通风、消防等设施，确保其正常运行。

轨道交通系统应制定完善的应急预案，确保在紧急情况下能够迅速、有效地应对。这包括建立紧急疏散指示系统、配备专业的救援队伍、提供紧急联系方式等。

轨道交通系统应及时向乘客传递安全信息，提高他们的安全意识。例如，在车站和车厢内设置安全提示标语、播放安全宣传片、通过广播或手机 App 传递实时安全信息等。

3. 行车相关设备的安全保障

行车相关设备包括轨道、车辆、信号系统、供电系统等，这些设备的性能状态直接关系到列车的运行安全和效率。轨道交通系统是一个复杂的系统，其中行车相关设备是确保列车安全、高效运行的基础。

为确保行车相关设备的正常运行，需要定期进行检查和维护。这包括对轨道的磨损、变形进行检查，对车辆的转向架、制动装置、电气牵引系统等重要零部件进行检查和维护，以及对信号系统和供电设备进行定期测试和维护。通过定期检查和维护，可以及时发现和解决潜在的问题，避免事故的发生。

图 1.6 轨道线路维护

在紧急情况下，如设备故障或突发事件，需要采取应急管理和救援措施，这包括建立应急预案、配备救援设备和人员、进行应急演练等。

随着轨道交通技术的不断发展，行车设备也需要不断进行技术更新和改造。通过引入新技术、新材料和新工艺，可以提高行车设备的性能和可靠性，降低故障率，提高列车运行的安全性和效率。

4. 行车环境的安全保障

行车环境的安全保障对于轨道交通的行车安全也非常重要，一个安全、稳定的行车环境是确保列车正常运行、减少事故风险、保障乘客和工作人员生命财产安全的基础。

行车环境安全保障涉及周边环境以及气候条件等方面,这些因素共同构成了列车运行的基础条件,任何一个环节的疏忽都可能对行车安全造成威胁。

周边环境包括隧道、桥梁、路基等结构设施以及周围的自然环境。这些设施需要保持稳定和完好,以避免因地质灾害、自然灾害等因素对行车环境造成破坏。同时,还要加强对周边环境的监测和预警,及时发现并处理潜在的安全隐患。

雨雪、大风、雾霾等可能对列车的运行产生不利影响,恶劣的气候条件可能导致轨道线路湿滑、能见度降低等问题,增加行车风险。因此,必须制定针对恶劣气候条件的应急预案和应对措施,确保在紧急情况下能够迅速有效地应对。

(二)轨道交通行车安全的影响因素

城市轨道交通行车安全的影响因素是多方面的,包括人、物、环境等方面,其中任何一个因素的不足都可能导致安全事故的发生,轨道交通运营企业需要对这些因素进行综合考虑,采取有效措施保障行车安全。

城市轨道交通行车安全的影响因素具体如下。

1. 人为因素

人为因素是影响城市轨道交通行车安全至关重要的方面,根据统计,人为因素造成城市轨道交通运营事故的比例高达70%以上,这充分说明了人为因素在行车安全中的重要性。

人为因素又具体分为工作人员与乘客两个方面。

(1)工作人员因素。

工作人员不按规章制度、标准作业程序作业。部分工作人员在作业过程中不按规章制度、标准作业程序作业,这可能会增加事故的风险。例如,在车辆检修过程中忽略某些重要步骤,或者司机在驾驶过程中忽视安全规定,不遵守作业纪律,可能出现列车追尾、脱轨等严重事故。

工作人员应急处置能力不足。虽然现代城市轨道交通系统已经实现了高度的自动化,但在某些情况下仍需要工作人员进行干预,如果工作人员的应急处置能力不足,可能会导致事故的扩大或加剧。例如,部分工作人员在日常工作中缺乏对应急情况的警觉性,对潜在的安全隐患视而不见,这在突发情况下可能导致错过最佳处理时机,使事故进一步恶化。

(2)乘客因素。

根据研究资料,城市轨道交通中相当一部分事故是由于乘客的不安全行为所造成的。乘客的不安全行为,如抢上抢下、扒门、闯入区间隧道、在车厢内或站台上奔跑打闹、触碰紧急制动按钮、携带违禁品或危险品等,都可能对行车安全产生严重影响。例如,当列车即将关门或正在关门时,一些乘客可能会急于上车或下车而强行挤入或挤出车厢,这不仅可能导致乘客自身受伤,还可能因为身体部位被夹住而延误列车的正常发车,甚至引发列车门系统故障。

2. 设备因素

设备因素在轨道交通行车安全中起着重要的作用,其影响仅次于人为因素,任何一个环节的故障或维护不当都可能对行车安全造成严重影响。轨道交通运营方必须加强对这些设备的日常维护和检修工作,确保它们始终处于良好的工作状态。

影响轨道交通行车安全的设备众多,主要包括如下方面。

(1)轨道线路。

轨道交通线路作为机车车辆及列车运营的基础,其日常养护维修是不容忽视的问题。扣件的松动、钢轨的锈蚀、磨损等都是影响行车安全的潜在危险因素。同时,轨道的几何尺寸如轨距、水平、高低等必须保持在规定标准范围内,否则可能导致列车脱轨等严重事故。

(2)轨道车辆。

轨道车辆作为城市轨道交通的运载工具,其质量的好坏直接影响行车的安全,其中如转向架、制动装置、电气牵引系统等是影响行车安全的重要零部件。同时,车辆的日常维护和检修对于保证行车安全至关重要,如果车辆出现故障或维护不当,可能导致列车失控、脱轨等事故。

图1.7 轨道车辆

(3)信号设备。

信号设备是保障列车安全运行的关键设备之一,如果信号系统出现故障,可能导致列车冲突、追尾等事故。信号传输的可靠性和稳定性对于列车安全运行也相当重要,如果信号传输出现问题,可能导致列车接收到的信号不准确或延迟,进而影响行车安全。

(4)供电设备。

供电系统是城市轨道交通运营的能源保证,如果供电系统出现故障,可能导致列车无法正常运行或发生紧急制动等不安全情况。供电设备的日常维护和检修对于保证行车安全同样重要,如果供电设备出现故障或维护不当,可能导致列车失去动力或发生其他不安全情况。

3. 环境因素

环境因素也是影响轨道交通行车安全的一方面,自然环境与行车环境都可能对轨道交通的行车安全产生直接或间接的影响。为了保障行车安全,轨道交通运营方需要密切关注这些环境因素的变化,并采取相应的措施进行防范和应对。

（1）自然环境。

极端天气条件，如雨、雪、风、霜、雾等，对行车安全构成挑战。例如，雨天可能导致轨道湿滑，增加列车制动距离；雾天可能降低驾驶员的能见度，影响列车的正常行驶。地震、洪水等自然灾害也会对城市轨道交通的安全运营构成威胁，这些灾害可能导致轨道线路、车站等基础设施受损，进而影响列车的正常运行。

（2）作业环境。

作业环境也可能对行车安全产生影响，车站与列车内的照明、噪声、温度、湿度等环境指标都可能影响工作人员和乘客的状态和行为，进而影响行车安全。例如，高温可能导致设备过热，影响性能；湿度过大可能导致设备内部电路短路；不足的照明条件可能导致驾驶员或维修人员看不清轨道或设备状况，增加事故风险；长时间处于高噪声环境下工作的人员可能面临更高的心理压力和疲劳感。

图 1.8 轨道交通作业环境

4. 管理因素

城市轨道交通运营企业的安全管理水平直接影响行车安全，安全管理工作的疏忽或不到位可能导致安全事故的发生。

影响城市轨道交通行车安全的管理因素主要包括以下几个方面。

（1）安全规章制度不完善。

缺乏全面、细致的行车安全规章制度，规章制度与实际运营情况存在脱节，行车作业标准模糊或缺乏具体细节等问题，均可能导致行车相关人员在实际操作中缺乏明确的指导和依据，无法有效应对新出现的安全问题和挑战，增加轨道交通事故的风险。

（2）安全教育培训不足。

安全教育培训是确保轨道行车相关人员具备必要安全知识和技能的关键环节，如果安全教育培训不足，或者教育培训的内容和方式与实际需求脱节，都可能导致轨道行车相关人员在工作中忽视潜在的安全风险，在紧急情况下无法迅速、有效地采取行动来应对突发事件，导致事故扩大或恶化，对乘客和工作人员的生命财产安全造成更大威胁。

（3）安全监督和检查不力。

安全监督和检查是确保行车安全的重要环节，它们能够及时发现并消除潜在的安全隐患，防止事故的发生。如果监督检查工作未能覆盖所有关键环节和区域，或者监督检查的频率和深度不足，导致一些重要的安全隐患无法被及时发现，就会给行车安全带来极大的威胁。

【拓展阅读 1.2】

北京地铁安全行驶第一人：廖明

在北京，每天有超过1000万人次选择地铁出行，准时、安全、快速、便捷……这背后，是一群交通人一丝不苟、多年如一日的默默付出。

作为北京地铁运营三分公司回龙观乘务中心电客司机，廖明在2016年创造了驾驶地铁列车安全行车100万千米无事故纪录。100万千米，相当于绕赤道25圈，是国内地铁安全行车最长的里程，廖明也是目前国内保持地铁安全运营里程最长的人。

"列车是有生命的，它非常懂事，非常理解司机的心情。当我们鼓励它、需要它努力'奔跑'时，它真的会帮你使劲。当它载着很多乘客跑完一段路程后，也会放松下来。这就是地铁的节奏和表达。"廖明说。

扎实的学习与积累，使他对列车每一寸"骨骼"都十分熟悉。他认为，行车过程中，要全神贯注地感受列车和路况，大脑的每一个细胞都要跟着列车跑。这样，列车有任何不适，路况有任何变化，司机都能第一时间敏锐地捕捉到，从而做到心中有数，及时采取措施。

对于自己的工作经验，只要有人愿意学、愿意问，他总是知无不言，非要给对方讲明白不可。

"我已经把我的全部心血融入了地铁事业，还有什么要保留的？我积累了那么多经验，不传给徒弟、不贡献给同事，就一点价值都没有了！"廖明说，只有倾囊相授，才能让行车安全得到最大的保障。在地铁工作30多年，廖明培养了41名出色的徒弟，怎么能够把资质不一的徒弟们都培养好，全靠廖明自己总结的带徒理念："讲后重理解，然后实践，遇事须躬行；教后知困惑，然后自反，互学能相长。"

廖明说，他收徒弟有一条非常严苛的标准，那便是做事要精益求精、踏实务实、不受荣誉左右。而这种"工匠精神"也正是他作为北京地铁30余年的"老司机"进而成为全国劳模的奋斗秘籍。

——引自央广网

第三节　城市轨道交通安全事故

轨道交通作为现代城市交通的重要组成部分，承载着大量的人流和物流，其安全运营直接关系到广大乘客的生命财产安全，以及社会的稳定和发展。为了保障城市交通的安全，防范轨道交通安全事故的发生尤为重要。

对于轨道交通安全事故，国家文件中的提法涉及多种类型，具体如下。

（一）城市轨道交通运营突发事件

1. 城市轨道交通运营突发事件的概念

根据《国家城市轨道交通运营突发事件应急预案》的相关规定，"城市轨道交通运营突发事件"的定义如下：

城市轨道交通运营突发事件（Urban Rail Transit Operational Emergency）指在城市轨道交通运营过程中发生的因列车撞击、脱轨，设施设备故障、损毁，以及大客流等情况，造成人员伤亡、行车中断、财产损失的突发事件。

2. 城市轨道交通运营突发事件的分类

按照事件严重性和受影响程度，城市轨道交通运营突发事件分为特别重大、重大、较大和一般四级。

（1）特别重大运营突发事件：造成30人以上死亡，或者100人以上重伤，或者直接经济损失1亿元以上的。

（2）重大运营突发事件：造成10人以上30人以下死亡，或者50人以上100人以下重伤，或者直接经济损失5000万元以上1亿元以下，或者连续中断行车24小时以上的。

（3）较大运营突发事件：造成3人以上10人以下死亡，或者10人以上50人以下重伤，或者直接经济损失1000万元以上5000万元以下，或者连续中断行车6小时以上24小时以下的。

（4）一般运营突发事件：造成3人以下死亡，或者10人以下重伤，或者直接经济损失50万元以上1000万元以下，或者连续中断行车2小时以上6小时以下的。

上述分级标准有关数量的表述中，"以上"含本数，"以下"不含本数。

（二）城市轨道交通运营险性事件

1. 城市轨道交通运营险性事件的概念

根据《城市轨道交通运营险性事件信息报告与分析管理办法》的相关规定，"城市轨道交通运营险性事件"的定义如下：

城市轨道交通运营险性事件（Risky Incidents in Urban Rail Transit Operation）是指在城市轨道交通运营过程中因隐患排查治理不到位造成风险失控而发生的，对城市轨道交通运营安全和服务造成较大影响的事件。

2. 城市轨道交通运营险性事件的类型

根据《城市轨道交通运营险性事件信息报告与分析管理办法》的相关规定，城市轨道交通主要运营险性事件包括的类型如下：

（1）列车脱轨。

脱轨是指车辆在正线、配线、车场线等线路运行时，车轮落下轨面（包括脱轨后又自行复轨）或车轮轮缘顶部高于轨面（因作业需要的除外）而脱离轨道。

图 1.9 列车脱轨

（2）列车冲突。

冲突是指在正线、配线、车场线等线路，列车、机车车辆相互间或与工程车、设备设施（如车库、站台、车挡等）发生冲撞。

（3）列车撞击。

撞击是指在正线、配线、车场线等线路，列车或机车车辆在运行过程中与行人、机动车、非机动车及其他障碍物发生碰、撞、轧。其他障碍物是指声屏障、防火门、人防门、防淹门等构筑物及射流风机、电缆、管线等吊挂构件或其他设备脱落侵入限界。

（4）列车挤岔。

挤岔是指在正线、配线、车场线等线路，由于道岔位置不正确、尖轨未能与基本轨密贴，导致列车通过道岔时将尖轨与基本轨挤开或挤坏过程，造成尖轨弯曲变形、转辙机损坏。

（5）重点区域火灾。

重点区域火灾是指列车、车站公共区、区间、主要设备房、控制中心、主变电所、车辆基地等发生火灾。

（6）乘客踩踏。

（7）车站、轨行区淹水倒灌。

车站、轨行区淹水倒灌是指雨水等通过出入口、风亭、过渡段洞口等倒灌车站和轨行区，导致车站公共区积水浸泡或漫过钢轨轨面。

（8）土建结构和基础严重病害。

土建结构和基础严重病害是指桥隧结构发生严重变形、坍塌、路基塌陷、道床严重起拱、隧道结构涌水涌砂。

（9）大面积停电。

大面积停电是指单个及以上车站、变电所、控制中心或车辆基地范围全部停电。

（10）通信网络瘫痪。

通信网络瘫痪是指行车调度指挥通信、车地无线通信、通信网络传输系统等中断 30 分钟（含）以上。

（11）信号系统重大故障。

信号系统重大故障是指中央和本地自动监控系统（ATS）均无法监控列车运行或联锁故障错误持续60分钟（含）以上。

（12）车辆重大故障。

车辆重大故障是指制动失效（含溜车）、车厢分离、受电弓断裂、车门意外打开、车辆关键零部件脱落等危及行车安全情况。

（13）接触网断裂或塌网。

（14）电梯和自动扶梯重大故障。

电梯和自动扶梯重大故障是指载客电梯运行中发生冲顶、坠落，或电梯轿厢滞留人员90分钟（含）以上，自动扶梯发生逆行、溜梯、梯级断裂。

（15）夹人夹物动车造成乘客伤亡。

夹人夹物动车是指乘客或物品夹在列车车门或站台门时动车，含乘客或物品夹在列车和站台门之间时动车。

（16）网络安全事件。

网络安全事件是指因系统漏洞、计算机病毒、网络攻击、网络侵入等对运营安全造成严重影响的事件。

（17）其他。

造成人员死亡、重伤、3人（含）以上轻伤，或正线连续中断行车1小时（含）以上，或产生较大社会影响以及城市轨道交通运营主管部门要求报告和分析的其他运营事件。其中，中断行车是指正线运营时段上行或下行单个及以上区间发生行车中断，中断时间从事件发生时起至事发区间实际恢复行车条件时止。

【拓展阅读1.3】

郑州地铁5号线"7·20事件"

2021年7月20日，郑州持续遭遇极端特大暴雨，导致地铁5号线五龙口停车场及其周边区域发生严重积水现象（见图1.10）。

当日18时许，积水冲垮出入场线挡水墙进入正线区间，一列列车在驶过海滩寺站，正准备抵达沙口路站的时候被洪水围困。由于地铁内的信号极差，乘客无法拨通救援电话，只能被困在车厢内。车厢底部被水淹没，有些乘客只能盘腿坐着或站在座位上，车上的人急切地向各方求救，但救援人员难以立即到达。

图1.10 郑州地铁"7·20事故"

直到大约18点40分，一位列车长和身穿反光背心的工作人员才出现在车厢中，将后面车厢的人员全部疏散到前面车厢。

经过全力施救，仍有12名乘客不幸遇难。河南省委、省政府与郑州市委、市政府对此高度重视，立即成立工作专班，全力组织开展搜救排查、抢险排水。之后分别于7月24日下午2时、7月25日上午6时30分左右，又发现2名遇难者。至此，该事故共造成14人不幸遇难。

事故发生后，郑州市立即成立善后处置领导小组，对遇难者进行身份确认，及时通知家属，并做好慰问安抚工作。同时，对事故原因进行了深入调查，发现郑州市地铁集团有限公司和有关方面存在应对处置不力、行车指挥调度失误，违规变更五龙口停车场设计、对挡水围墙建设质量把关不严等问题。

想一想：此次安全事故属于哪一类险性事件？此次事故引发了哪些安全方面的思考？

（1）＿＿＿＿＿＿＿＿＿＿＿＿＿＿＿＿＿＿＿＿＿＿＿＿＿＿＿＿＿＿＿＿＿＿＿
（2）＿＿＿＿＿＿＿＿＿＿＿＿＿＿＿＿＿＿＿＿＿＿＿＿＿＿＿＿＿＿＿＿＿＿＿
（3）＿＿＿＿＿＿＿＿＿＿＿＿＿＿＿＿＿＿＿＿＿＿＿＿＿＿＿＿＿＿＿＿＿＿＿

（三）城市轨道交通行车事故

城市轨道交通行车事故（Railway Transit Operation Accident）指轨道列车在运行过程中，因违反规章制度、违反劳动纪律、技术设备不良及其他原因，在行车中造成人员伤亡、设备损害、经济损失、影响正常行车或危及行车安全的意外事件。

城市轨道交通行车事故是城市轨道交通运营突发事件中的一种类型，其中对运营安全和服务造成较大影响的也属于城市轨道交通运营险性事件的范围。

城市轨道交通行车事故与轨道列车司机的关系十分密切，尤其是在考虑人为因素时，列车司机的失误往往是导致事故发生的重要因素之一。

列车司机失误可能包括疲劳驾驶、注意力不集中、错误操作等。例如，疲劳驾驶可能导致司机反应迟钝，无法及时应对突发情况；注意力不集中可能导致列车司机未能及时注意到前方障碍物或信号变化；错误操作则可能直接引发列车冲突、脱轨等严重事故。

请大家在指导老师带领下完成"章节练习1.1"，对已经发生过的一起轨道交通事故进行分析，了解其事故类型、事故原因、事故损失等，在增加对轨道交通安全事故了解的同时，也对轨道交通安全保持更高的警惕意识。

【课堂讨论 1.1】

险性事件中的行车事故

在《城市轨道交通主要运营险性事件清单》中找一找，哪些属于行车事故，并将与行车有关的险件事件写在下方。

（1）_____

（2）_____

（3）_____

【章节练习 1.1】

城市轨道交通安全事故分析

自行查找一例已经发生过的城市轨道交通安全事故（或指导老师提供相关事故案例），请大家以此事故为对象，对其事故类别、原因、造成损失等方面进行分析，并以小组为单位进行讨论。

表 1.1　城市轨道交通安全事故分析表

事故名称：	
事故时间：	
事故地点：	
事故类别（按运营突发事件分类）：	
事故类别（按运营险性事件分类）：	
事故原因	
造成损失	
防范措施	

第二章　认识行车安全心理学

【知识目标】

◇ 了解心理学的概念、起源与分支
◇ 理解行车安全心理学的概念与内容
◇ 了解心理健康的概念与标准
◇ 了解心理问题的概念、等级划分及产生原因
◇ 理解心理健康对轨道列车司机的重要性
◇ 熟悉心理测试与行车安全之间的关联

【能力目标】

◇ 能对自身心理健康进行基本判断
◇ 能进行简单的心理测试

【关键概念】

◇ 心理学、行车安全心理学、心理健康、心理问题、心理测试

【知识框架】

```
                        ┌─ 心理学的概念
            ┌─ 认识心理学 ─┼─ 心理学的起源
            │             ├─ 心理学的分支
            │             └─ 城市轨道交通行车安全心理学
            │
认识行车安全 ─┤             ┌─ 心理健康
心理学       ├─ 心理健康与 ─┼─ 心理问题
            │   行车安全   └─ 心理健康对轨道列车司机的重要性
            │
            │             ┌─ 心理测试的概念
            └─ 轨道列车司 ─┼─ 心理测试的主要方法
                机的心理测试 └─ 轨道列车司机的心理测试
```

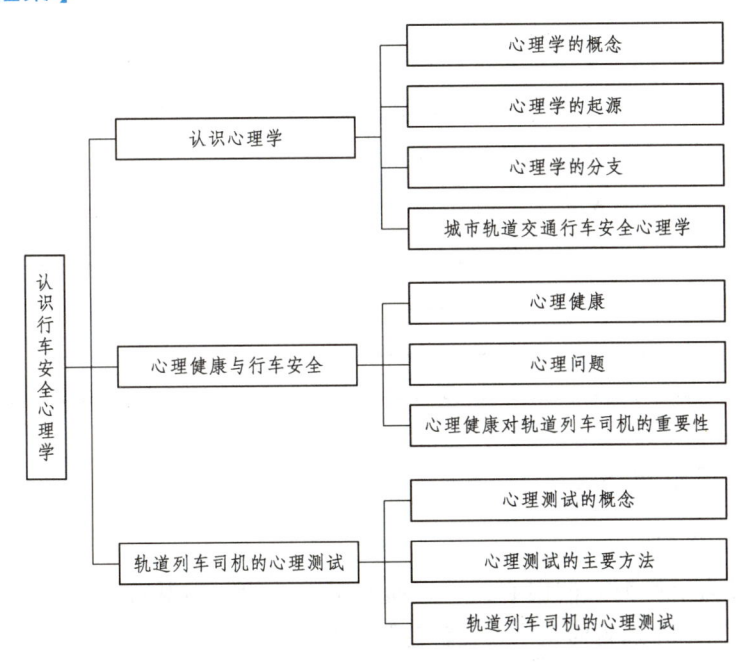

图 2.1　第二章知识框架图

第一节 认识心理学

（一）心理学的概念

随着社会的发展和人们对心理健康的日益关注，心理学逐渐走进了人们的日常生活。无论是在教育、工作，还是人际关系中，心理学都发挥着重要的作用。

心理学（Psychology）是关于人类思想、感情等规律研究的学问，是研究人的心理或精神以及心理活动及其发生、发展规律的科学。

心理学一词来源于希腊文，意思是关于灵魂的科学。"Psychology"源于希腊语的灵魂"psyche"，希腊文原文为"ψυχή"，因此心理学标志符号为"Ψ"，"Ψ"是第 23 个希腊字母（大写Ψ，小写ψ，发音：/ˈpsaɪ/或/ˈsaɪ/，见图 2.2）。

图 2.2 心理学代表符号

灵魂在希腊文中也有气体或呼吸的意思，因为古代人们认为生命依赖于呼吸，呼吸停止，生命就完结了。随着科学的发展，心理学的对象由灵魂改为心灵。

【课堂讨论 2.1】

心目中的心理学

很多人以为心理学就是读心术，学习了心理学就可以窥见他人的内心世界，将心理学想象成一门高深莫测的学问。其实，心理学是为了研究人的内心活动，而源于生活的一门既古老又年轻的学科，有着严格的研究流程与研究方法。

大家对心理学的印象是什么呢？请将讨论结果写于下方。

（1）_____
（2）_____
（3）_____

（二）心理学的起源

1. 古代心理学

心理学是为了研究人的内心活动，而源于生活的一门既古老又年轻的学科。说其古老，是因为早在远古时代，人类就已经发现心理现象的存在并进行探究；说其年轻，是因为直到近代，心理学才真正脱离了哲学的范畴，逐渐被认可，成为一门独立的科学。

德国心理学家艾宾浩斯曾经说过："心理学有一个悠久的过去，但却仅有一段短暂的历史。"实际上人们对心理现象的探索已经有几千年的历史了。

早在公元前 4 世纪，古希腊哲学家亚里士多德（Aristotle，公元前 384—前 322，见图 2.3）就著有《论灵魂》，这是西方最早关于心理现象、灵魂本质研究的著作，恩格斯在《费尔巴哈与德国古典哲学的终结》一书中指出：在远古时期，人们在还没有关于自己的身体的构造的任何概念，还不会解释睡梦的时候，就有了一种观念，认为他们的思维与感觉并不是他们的身体活动，而是一种什么独特的东西——灵魂的活动，这种灵魂留在身体内，在人死后就离开身体了。

图 2.3 亚里士多德

在中国，心理学也同样有着悠久的历史。中国古代思想家很早就对人的各种心理现象进行了探索，如《诗经》《周易》《尚书》等典籍中就明确记载了许多关于人的身心关系、自我意识、群体心理以及个体心理过程等心理学思想。春秋战国时期，孔子、墨子、孟子、老子、庄子、杨朱、荀子等思想家对心理现象进行了研究，确立了以人性论为主线索的心理学理论探讨。但是，当时在方法上只靠不充分的观察和描述，仍然不能摆脱主观的臆测和想当然的推论，心理学还不能够成为独立的学科，只能从属于哲学或其他学科。

【拓展阅读 2.1】

中国古代心理学

中国古代虽然没有形成一个独立的心理学体系，但许多古代思想家和哲学家的观点中蕴含着丰富的心理学思想。

例如，在老子的《道德经》中，提出了"无为而治""道法自然"等哲学思想，强调顺应自然、保持内心的平和与宁静，对后世心理学研究中的心理健康、心理调适等议题提供了有益的启示。

在庄周的《庄子》中，提出了"自由自在"的哲学思想，强调个体的自我意识和自我实现，对后世心理学研究中的自我认知、自我实现等议题产生了重要影响。

这些古人的思想观点不仅对中国人的思维方式和行为逻辑产生了深远影响，而且为中国现代心理学的形成与发展提供了丰富的思想资源。

想一想，你还能想到哪些对心理学有所影响的古代著作？

2. 科学心理学的诞生

作为一门科学，心理学的历史十分短暂。19 世纪中叶以后，自然科学迅猛发展，为心理学成为独立的科学创造了条件，尤其是德国感官神经生理学的发展，为心理学成为独立的科学起了较为直接的促进作用。

1879 年，德国心理学家威廉·冯特（Wilhelm Wundt，1832—1920，见图 2.4）在莱比锡大学建立了世界上第一个心理学实验室，标志着科学心理学的诞生。

从此，心理学从哲学中分化出来，成为一门独立的科学，形成了注重实验和实证的科学心理学的传统，开始了蓬勃发展的历程。

图 2.4 冯特·威廉

冯特创建的心理实验室，不仅为心理学研究提供了科学的方法和工具，还促进了心理学理论的构建和发展。他的工作使得心理学逐渐脱离了哲学的怀抱，走上了独立发展的道路。此外，科学心理学的诞生还推动了心理学在教育、企业管理、心理咨询等多个领域的应用和发展。

建立心理实验室后，冯特在海德堡大学任教的 10 年间做了大量心理学实验，并集合其研究成果，于 1874 年出版了《生理心理学原理》，该书被生理学界和心理学界推崇为不朽之作，堪称学术史上的"心理学独立宣言"。

科学心理学的诞生是心理学发展史上的一个重要事件，它标志着心理学作为一门独立学科的正式形成。冯特通过建立心理实验室、提出心理学研究方法以及撰写重要著作等方式，为科学心理学的诞生和发展做出了巨大贡献。科学心理学的诞生不仅推动了心理学理论的构建和发展，还促进了心理学在各个领域的广泛应用和深入探索。

【拓展阅读 2.2】

心理学实验——棉花糖测试实验

棉花糖实验是斯坦福大学沃尔特·米歇尔博士于 1966 年到 20 世纪 70 年代早期在幼儿园进行的有关自制力的一系列心理学经典实验。

实验中，四到六岁的孩子们被领到了一个房间里，他们面前的桌上都有一块棉花糖。在让孩子们独处前，实验人员告诉他们，如果 15 分钟后自己面前这块糖还在桌上，那么他们就能额外获得一块糖。实验人员记录了每个孩子的忍耐时间，并且尝试寻找这项数据是否与孩子们成人后的成功有关联。

实验结果表明，在 600 个孩子中，少数选择立刻吃掉糖果，但也有 1/3 的孩子忍过了 15 分钟,获得了第二块糖果。在后来的跟踪调查中,米歇尔发现那些能延后满足的孩子拥有更强的能力,并在 SAT 考试中获得了比同龄人更高的分数,证明这项品质很有可能会伴随人的一生。当时部分学者认为,忍耐不吃糖的小孩具备更强的意志力,能为了长远利益放弃暂时的欢愉,这种"延迟满足能力"正是他们成为人生赢家的原因。

不过,最近有学者对这个实验结果提出了质疑,他们认为那些选择没有吃掉棉花糖的孩子之所以会做出这样的选择,可能受其他因素影响。

讨论:

你觉得实验中一些孩子之所以没有吃掉棉花糖,是否受其他因素影响?如果你觉得受其他因素影响,那是什么呢?请将讨论结果写于下方。

(1)_____
(2)_____
(3)_____

(三)心理学的分支

心理学是一门应用广泛的学科,有着众多的分支,和各种领域有各式各样的交集。

1. 根据研究目的划分

根据研究目的,心理学分为基础心理学和应用心理学两个大类(见图 2.5)。

(1)基础心理学。

基础心理学(Basic Psychology)是心理学研究的一个核心方向,它主要研究心理学的基本原理和心理现象的一般规律。

基础心理学的主要分支有生物(生理)心理学、认知心理学、发展心理学、学习心理学、社会心理学、人格心理学等。

(2)应用心理学。

应用心理学(Applied Psychology)是心理学的一个重要方向,主要研究如何将心理学的理论和研究应用到实际生活中。

应用心理学的主要分支有临床心理学、产业心理学、教育心理学、认知心理学、灾害心理学、犯罪心理学、运动心理学等。

2. 根据研究领域划分

根据研究领域,心理学形成了许多分支。

(1)根据研究对象的主体不同,分为犯罪心理学、教师心理学、儿童心理学、青年心理学、老年心理学等。

```
                    ┌── 运动心理学
                    ├── 犯罪心理学
                    ├── 灾害心理学
          ┌─应用心理学─┼── 认知心理学
          │         ├── 教育心理学
          │         ├── 产业心理学
          │         └── 临床心理学
心理学 ──┤
          │         ┌── 人格心理学
          │         ├── 社会心理学
          │         ├── 学习心理学
          └─基础心理学─┼── 发展心理学
                    ├── 认知心理学
                    └── 生物心理学
```

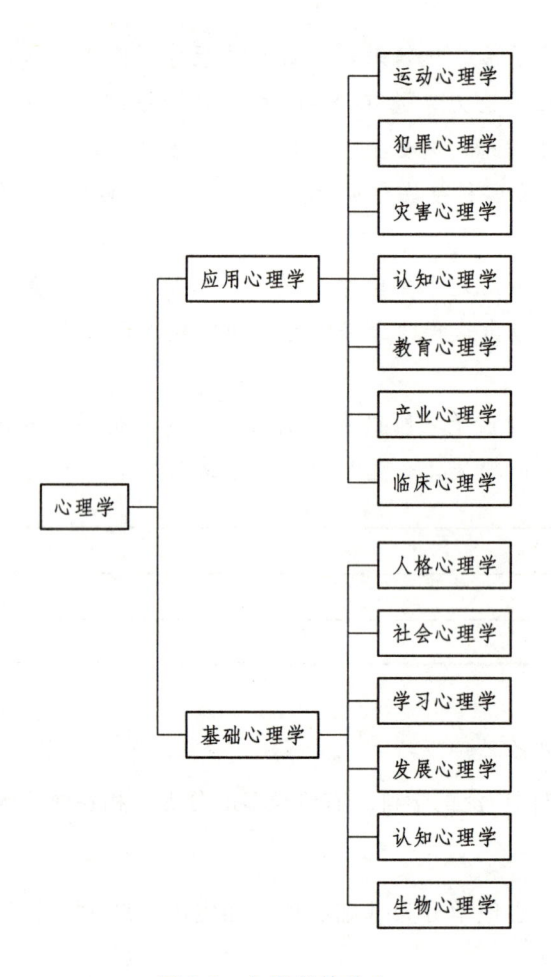

图 2.5　心理学的分支

（2）根据研究的实践领域和具体内容的不同，分为教育心理学、社会心理学、工业心理学、军事心理学、医学心理学、运动心理学、文艺心理学、商业心理学、管理心理学等。

（3）根据心理现象的范畴不同，分为感知心理学、记忆心理学、思维心理学、言语心理学、情感心理学、意志心理学、个性心理学等。

（4）根据心理学的方法和技术不同，分为实验心理学、咨询心理学、心理测量学、心理统计学、心理治疗学、心理卫生学等。

（四）城市轨道交通行车安全心理学

1. 城市轨道交通行车安全心理学的概念

城市轨道交通行车安全心理学是心理学分支中的一个重要领域，它专注于研究城市轨道交通系统中，与行车安全相关的各种心理因素及其影响机制。

城市轨道交通行车安全心理学（Psychology of Safety in Urban Rail Transit Operations）是研究城市轨道交通系统中行车过程中列车司机、乘客以及其他相关人员心理活动与行车安全之间关系的学科。

城市轨道交通行车安全心理学旨在通过心理学原理和方法，分析行车过程中人的心理过程、心理状态及其与行车安全之间的关系，并提出相应的对策和措施，以提高城市轨道交通系统的安全性和运营效率。

2. 城市轨道交通行车安全心理学的内容

城市轨道交通行车安全心理学是一门将心理学理论与方法应用于城市轨道交通行车安全领域的交叉学科，其主要内容包括如下两个方面。

（1）工作人员心理因素与行车安全。

研究列车司机、调度员等关键岗位人员的心理素质、心理状态及其与行车安全的关系，是城市轨道交通行车安全心理学中最为重要的一部分内容。

轨道列车司机作为轨道交通系统的直接操作者，其心理因素与轨道行车安全之间存在着密切的关系，他们的心理状态直接影响到行车安全。城市轨道交通行车安全心理学需要研究驾驶员在行车过程中的心理状态，如注意力、情绪、疲劳等，以及这些心理因素对行车安全的影响。还需要研究驾驶员的感知觉、判断、决策等心理过程在行车安全中起着至关重要的作用等。

（2）乘客心理因素与行车安全。

研究乘客在乘车过程中的心理状态、行为模式及其对行车安全的影响。

乘客心理因素与轨道行车安全之间存在着紧密的联系，乘客的心理状态会直接影响到他们在轨道交通中的行为，进而对行车安全产生重要影响。虽然乘客不直接控制车辆，但他们的心理状态和行为也可能对行车安全产生影响。

例如，当乘客进入地铁站或乘车过程中，可能会因为环境陌生、人流密集、时间紧迫等原因而感到不安、焦虑甚至恐惧。这种心理状态可能导致他们注意力分散、反应迟缓，增加事故发生的概率。

除了以上两点以外，城市轨道交通行车安全心理学还通过心理学原理，研究如何对驾驶员和乘客进行安全教育和培训，提高他们的安全意识，减少因心理因素导致的行车事故。

通过深入研究相关心理因素，可以制定更加科学合理的安全管理制度和应急预案，为城市轨道交通的安全运行提供有力保障，对于提高城市轨道交通系统的安全性和运营效率具有重要意义。

第二节　心理健康与行车安全

（一）心理健康

1. 心理健康的概念

心理健康（Mental Health）是指心理的各个方面及活动过程处于一种良好或正常的状态。

心理健康涉及多个方面，包括性格的完整、智力的正常、认知的正确、情感的适当、意志的合理、态度的积极、行为的恰当以及良好的适应性等。

保持心理健康对人非常重要，因为心理健康直接影响着我们的整体福祉、人际关系、工作效率以及生活质量。心理健康的人更能够欣赏生活中的美好，体验快乐、满足和宁静，他们通常更加积极、乐观，能够更好地应对生活中的挑战和压力。

心理健康对人的作用如下：

（1）影响身体健康。

心理健康与身体健康密切相关。长期的压力、焦虑、抑郁等心理问题可以导致身体疾病，如心脏病、高血压、糖尿病等。反过来，身体疾病也可能导致心理压力增加，进一步损害心理健康。

（2）提高生活质量。

心理健康良好的人更容易感受到生活的乐趣和满足感，更能够积极面对生活中的挑战和困难。他们通常具有更高的自尊、更强的适应能力和更和谐的人际关系，这些都有助于提高生活质量。

（3）促进社会和谐。

心理健康良好的人更有可能以积极、建设性的方式参与社会活动，与他人建立良好关系，减少冲突和暴力行为，这对维护社会稳定和促进社会和谐至关重要。

（4）提高工作效率。

心理健康良好的人在工作中更能够集中注意力、保持积极态度，更有可能取得成功。他们的创造力和解决问题的能力也更强，这对于提高工作效率和质量至关重要。

（5）促进个人成长。

心理健康良好的人更能够面对自己的不足，接受挑战和失败，并从中学习和成长。他们更有可能实现自我超越，达到更高的生活水平和人生境界。

2. 心理健康的标准

对于心理健康的标准，并没有一个完全统一且适用于所有人的答案。这是因为心理健康是一个复杂且多维度的概念，它受到文化、社会、个体经历等多种因素的影响。不同的专业组织、心理学家和研究者可能会根据他们的研究和实践经验，提出不同的心理健康标准。这些标准可能涵盖情绪稳定性、自我认知、社交能力、应对方式、决策能力、自我控制等方面，但具体的描述和侧重点可能会有所不同。

美国心理学家马斯洛和米特尔曼提出的心理健康的十条标准被公认为是"最经典的标准"，详见表 2.1。

表 2.1 马斯洛和米特尔曼的心理健康标准

心理健康标准	标准解释
1. 充分的安全感	个体对自身安全、价值及未来有着确定性和信任感
2. 充分了解自己，并对自己的能力做适当的估价	个体能够清晰地认识自己的优点、缺点、兴趣、价值观等，对自己的能力有合理的评估
3. 生活的目标切合实际	个体的生活目标应与现实条件和个人能力相匹配，既不过于理想化也不过于悲观
4. 与现实的环境保持接触	个体能够客观地认识和适应自己所处的环境
5. 能保持人格的完整与和谐	个体的人格结构应完整统一，认知、情感、行为之间应协调一致，无明显的矛盾和冲突
6. 具有从经验中学习的能力	个体能够从自己、他人经验及社会知识中不断学习，提高自己的认知水平和应对能力
7. 能保持良好的人际关系	个体能够与他人建立并维持良好的人际关系，包括亲密关系、友谊关系和工作关系等
8. 适度的情绪表达与控制	个体能适当地表达自己的情绪，同时能够控制自己的情绪反应，避免过度冲动或压抑
9. 在不违背社会规范的条件下，对个人的基本需要做恰当的满足	个体在追求个人需要满足的同时，也确保自己的行为不会对他人或社会造成负面影响
10. 在集体要求的前提下，较好地发挥自己的个性	个体在满足社会集体要求的同时，允许自己有一定的个性空间和发展自由

需要注意的是，心理健康是一个动态的过程，每个人的心理健康状态都会随着时间和环境的变化而发生变化。因此，我们需要不断地关注自己的心理健康状况，并采取积极的措施来维护和提升自己的心理健康水平。

【课堂讨论 2.2】

心理健康状况评估

请大家以马斯洛和米特尔曼提出的心理健康的十条标准为依据，对照自己，进行心理健康的自我诊断，看看自己符合哪些标准。

如果发现自己的心理状况某个或某几个方面与心理健康标准有一定距离，就有针对性地加强心理锻炼，以期达到心理健康水平。

以小组为单位进行讨论，哪些心理健康标准最难以达成，难以达成的原因是什么？

（1）_____

（2）_____

（3）_____

（二）心理问题

1. 心理问题的概念

心理问题（Psychological Problem）指影响个体心理健康的各种心理状况、异常情绪以及心理障碍。

心理问题是一个普遍存在的现象，渗透到人们生活的方方面面，对人的身心健康、人际关系、工作学习以及整体生活质量都产生深远的影响。

心理问题常常导致个体出现负面情绪，如焦虑、抑郁、愤怒、无助感等。根据中国科学院心理研究所、社会科学文献出版社联合发布的《2022年青少年心理健康状况调查报告》显示，我国约14.8%的青少年存在不同程度的抑郁风险，其中4%的青少年属于重度抑郁风险群体，10.8%的青少年属于轻度抑郁风险群体。

图 2.6 心理问题

2. 心理问题的等级划分

根据心理问题的严重程度，心理问题可以划分为以下四个等级。

（1）健康状态。

健康状态是心理健康的理想状态，表现为个体没有心理困扰，情绪稳定，能够正常地生活、学习和工作。

在这种状态下，个体通常能够充分发挥自身的能力，能胜任家庭和社会角色，能在一般社会环境下充分发挥自身能力，利用现有条件实现自我价值，并且与周围环境保持良好的协调。

（2）不良状态。

不良状态指的是介于健康状态与疾病状态之间的亚健康状态，一般由个人心理素质不佳、突发生活事件以及身体不良状况等因素所引起。

不良状态下的个体可能会遇到一些生活困扰，如失眠、苦恼、情绪悲观、消极等。不良状态持续时间较短，一般在一周以内能得到缓解，个体在这段时间内可能经历一些心理困扰，但随着时间的推移，这种状态往往能够自行改善或通过简单的自我调整得到恢复。

（3）心理障碍。

心理障碍是指个体在心理功能、情感状态、行为表现等方面出现异常或失调，影响其正常生活和功能的情况。

心理障碍涵盖不同严重程度和类型的心理问题，如焦虑、抑郁、人格障碍、创伤后应激障碍等。

有心理障碍的个体往往对特定的障碍对象（如敏感的事、物及环境等）有强烈的心理反应，这可能导致个体无法按照社会认可的适宜方式行动，以致其对社会的不适应。但并非所有心理障碍都被视为疾病，在某些情况下，它们可能被视为一种暂时的心理困扰或适应问题。

（4）心理疾病。

心理疾病是指被医学界认可的、有诊断标准的心理障碍，它通常表现为个体在心理、情绪和行为方面的严重异常，导致显著的社会功能损害。

心理疾病是心理障碍的一种特定类型，其症状通常更为严重和持久，它们可能严重影响个体的日常生活、学习和工作能力。常见的心理疾病包括抑郁症、焦虑症、强迫症、精神分裂症、社交恐惧症、癔症等。

有心理疾病的人往往伴随有强烈的心理反应，如思维判断上的失误，思维敏捷性的下降，记忆力下降，强烈自卑感及痛苦感等。此状态的患者不能或勉强完成其社会功能，痛苦感极为强烈，一般不能通过自身调整和非心理科专业医生的治疗而康复，需要心理医生的帮助。

心理问题的等级划分是一个从健康到疾病逐渐加重的过程，每个等级都有其特定的特点和表现形式，对于不同等级的心理问题，应采取相应的干预和治疗措施。

3. 心理问题的产生原因

导致产生心理问题的因素多种多样，以下是对这些因素的分点表示和归纳。

（1）生物遗传。

某些心理问题可能与遗传有关，例如抑郁症、焦虑症、精神分裂症等精神疾病在家族中有明显的遗传倾向。

此外，一些生理疾病或状况，如内分泌失调、神经系统疾病、脑部损伤等，也可能导致心理问题的产生。

（2）成长环境。

成长环境是个体心理发展的重要背景，它包含了家庭、学校、社区等多个层面，这些层面中的多种因素都可能对个体的心理健康产生深远影响。

例如，童年时期遭受的虐待或忽视可能导致个体形成不健康的应对方式，增加成年后出现心理问题的风险；单亲家庭成长的孩子可能因长期缺少父母的关爱而面临心理扭曲的风险。

（3）个性特质。

个性特质是个体相对稳定、持久的心理特征。个体的个性特质，如敏感、神经质等，可能使其对某些事情或刺激的反应较为敏感，进而产生特定的心理感受。

例如，外向性特质高的人通常更善于社交和表达情感，他们可能更容易获得社会支持，从而减轻心理压力；内向性特质高的人可能更难以应对社交压力，导致社交焦虑等心理问题的出现。

（4）生活事件。

生活事件是指个体在日常生活中经历的各种变故、挑战和压力，这些事件往往会对个体的心理产生一定的冲击，从而影响其心理健康状态。

如失业、离婚、亲人去世等重大生活事件可能引发个体的心理创伤，从而导致心理问题的产生。

（5）压力与应对机制。

长期面对压力，如工作压力、学业压力、人际关系压力等，可能导致个体产生焦虑、抑郁等心理问题。

如果缺乏有效的应对机制，如不知道如何寻求帮助、不知道如何调节情绪等，也可能导致心理问题的加剧。

需要注意的是，心理问题的产生往往是多种因素综合作用的结果，而且每个人的情况都是独特的。因此，在评估和处理心理问题时，需要综合考虑各种因素，并采取个性化的干预措施。

【课堂讨论 2.3】

大学生的心理问题

心理问题是一个广泛存在的问题，在广大的学生群体当中也不例外。请大家以自身及周围同学为参考，想一想大学生可能存在哪方面的心理问题？

以小组为单位进行讨论，大学生心理问题产生的主要类型以及产生的原因有哪些？

（1）＿＿＿＿＿＿＿＿＿＿＿＿＿＿＿＿＿＿＿＿＿＿＿＿

（2）＿＿＿＿＿＿＿＿＿＿＿＿＿＿＿＿＿＿＿＿＿＿＿＿

（3）＿＿＿＿＿＿＿＿＿＿＿＿＿＿＿＿＿＿＿＿＿＿＿＿

(三)心理健康对轨道列车司机的重要性

保持良好的心理健康状态,对于轨道列车司机来说非常重要,对于保障行车安全、提高工作效率、减少心理疾病风险等方面都有着重要意义。

心理健康的重要性主要体现如下。

1. 保障行车安全

轨道列车司机的心理健康状态直接影响到列车的运行安全,作为列车运行中的关键人物,列车司机承担着确保乘客安全、准时抵达目的地的重任,需要时刻保持清醒、冷静和专注。

心理健康状况良好的司机往往能够保持较高的工作热情和专注度,能够准确、及时地执行各项操作指令,减少因人为失误导致的事故风险。相反,如果司机存在心理压力过大、情绪波动大、注意力分散等心理健康问题,就可能导致操作失误或判断失误,从而增加事故发生的可能性。

2. 提高工作效率

轨道列车司机的心理健康对于提高工作效率具有显著的影响,心理健康状况良好的司机能够更长时间地保持高度的注意力,能够更有效地处理路况、信号、速度等信息,提高工作效率,这对于列车驾驶来说至关重要。

在面对复杂或突发情况时,心理健康状况良好的司机能够迅速、准确地做出决策。这种高效的决策能力不仅有助于保障列车的安全,还能减少因犹豫或错误决策导致的延误,从而提高整体工作效率。

3. 促进个人发展

心理健康不仅关乎工作表现,更关乎列车司机的个人成长和发展。心理健康的司机更能够清晰地认识自己,了解自己的优点和不足,从而有针对性地制订个人发展计划。他们能够更好地管理自己的情绪和压力,保持积极的心态,为个人成长奠定坚实的基础。

面对工作中的各种挑战和变化,心理健康的司机能够更快地适应新环境、新任务和新要求。他们具备更强的韧性和灵活性,能够从容应对各种复杂情况,为个人发展赢得更多空间。同时,他们能够更好地吸收新知识、新技术,适应行业发展的变化,为个人职业发展创造更多机会。

4. 提升职业满意度

轨道列车司机的心理健康能够显著提升其职业满意度。心理健康的司机通常具备更好的压力管理能力,能够更有效地应对工作中的各种压力和挑战。他们知道如何调整自己的心态,保持冷静和乐观,从而减轻工作压力对职业满意度的负面影响。

心理健康的司机对工作充满热情和动力,他们愿意投入更多的时间和精力来提升自己的专业技能和工作效率。这种积极的工作态度不仅有助于提高工作效率，还能够增强司机对工作的认同感和满足感，从而提升职业满意度。

心理健康的司机通常具备更好的人际交往能力，能够与同事、上级和乘客建立和谐的关系。这种良好的人际关系不仅能够为司机提供更好的工作环境，还能够增强他们的归属感和团队精神，进一步提升职业满意度。

5. 减少心理疾病风险

轨道列车司机保持心理健康能够显著减少心理疾病的风险，心理健康的司机通常具备更高的心理韧性，即面对压力、挑战和逆境时能够保持相对稳定的心理状态，并积极寻求解决方案。这种心理韧性有助于司机在工作中遇到问题时，以更加积极、理性的态度去面对，减少心理疾病的发生。

长期的心理压力和负面情绪可能会引发一系列的心理疾病，如焦虑症、抑郁症等，这些疾病不仅会影响列车司机的身心健康，还可能对列车的运行安全造成潜在威胁。因此，关注列车司机的心理健康问题，及时进行心理疏导和干预，有助于减少心理疾病的发生风险。

心理健康对轨道列车司机，对整个轨道交通行业的安全都有着不可忽视的重要意义。因此，轨道交通行业应高度重视司机的心理健康问题，采取有效措施加强心理健康教育和心理疏导工作。

第三节　轨道列车司机的心理测试

（一）心理测试的概念

心理测试（Mental Test）是一种基于心理学原理，采取一定的操作方式对人的心理、人格、情绪等进行测试的过程。

心理测试在各个领域都有着重要的应用价值，通过科学、合理地运用心理测试，可以更准确地评估人的心理特质和能力，为相关决策和干预提供依据。

心理测试的应用领域具体如下。

图 2.7　心理测试

1. 心理评估与心理治疗

心理测试可用于评估人们的心理状态，心理专业人士可以使用焦虑自评量表（SAS）、抑郁自评量表（SDS）、症状自评量表（SCL-90）等评估被试人员的心理健康状况；通过人格测验（如 MMPI、16PF、EPQ 等）了解被试人员的人格特点，这些心理评估结果可以帮助他们了解来访者的心理状况，有助于理解被试人员的行为模式和制定应对策略。

在心理治疗方面，精神科医生可以使用简明精神病评定量表（BPRS）等对病人进行测试，协助其对精神疾病进行准确的诊断，为精神疾病的诊断和治疗提供参考。

2. 人才选拔与职业规划

心理测试可用于人才甄选、分类和安置，帮助企业更好地了解员工的能力、性格和兴趣，优化人力资源配置。在人员招聘过程中，除了需要了解应试者的知识、经验、背景以外，还需要通过心理测试了解其相关的性格、适应能力、人际能力等多个维度来评估其职业能力，更深入地了解应试者的性格和行为模式，从而选择更适合岗位要求的应试者。

心理测试还可以帮助个体评估自己的职业倾向，如霍兰德职业兴趣量表可以帮助个体了解自己的职业兴趣所在，从而找到与自己性格特征相匹配的职业领域。利用智力测验、能力倾向测验等工具，个体可以评估自己在特定领域的能力水平，为职业发展与规划提供参考。

3. 教育评估与监测

教育工作者可以通过智力测验、学科测验等来评估学生的知识水平、学习能力和发展潜力，测验结果可以帮助学生和教师识别学习困难或问题所在，以便及时采取补救措施。心理测试还可以帮助教师更准确地了解学生的学习能力、学习风格、兴趣爱好和性格特点，基于这些信息，教师可以为学生制订个性化的教育计划，以满足他们的独特需求，从而提高学习效率。

此外，学校可以通过症状自评量表、心理健康问卷等对学生的心理健康状况进行评估，及时发现学生可能存在的心理问题，如焦虑、抑郁、压力等，从而采取相应的干预措施。

4. 其他方面应用

心理测试还可以为科学研究提供有力的数据支持，帮助研究人员将复杂的心理现象或特质转化为可量化的数据，使研究人员能够更准确地描述、分析和比较不同个体或群体之间的心理特征。因此，心理测试为心理学在教育、管理、军事等领域的应用提供了基础。

需要注意的是，心理测试只是了解自我的一个工具，其结果并非绝对。个体在解读心理测试结果时，应结合自己的实际情况和经验进行综合分析，避免过度依赖或误读测量结果。

（二）心理测试的主要方法

心理测试的方法与特点如下。

1. 纸笔测试法

纸笔测试（Paper-and-Pencil Test）简称笔试，即要求被试根据项目的内容，把答案写在纸上，以了解被试的心理特征、能力或知识水平。

常用的纸笔测试形式包括选择题、是非题、填空题、匹配题、简答题、小论文等。

最常见的纸笔测试就是各种学生考试，教育工作者通过纸笔测试来评估学生在特定学科或技能领域的掌握程度，如数学、阅读、写作等。

图 2.8　纸笔测试

纸笔测试法的标准化程度高，结果客观可靠，易于大规模施测，节省时间和成本。相对于其他心理测试方法，纸笔测试的成本通常较低，可以大规模地施测，适用于各种环境和对象，灵活性强。但是，纸笔测试受被试者阅读能力和书写能力的影响较大，可能存在作弊或误解题目的情况，对于某些心理特征（如情绪、动机等）的评估不够直接和准确。

2. 心理量表法

心理量表（Psychological Scale）是一种心理测量工具，用于鉴别个体心理功能的高低。

心理量表是一种比纸笔测验更严格的测量工具，可以被看作一把尺子，用这把尺子对被试的属性进行测量。

心理量表广泛应用于教育、临床、科研等领域，用于评估个体的智力、性格、情绪、态度、兴趣、动机等心理特征。以下是一些常见的心理量表及其应用范围。

（1）人格测评量表。

人格测评量表主要用于测量个体的性格、气质、兴趣、态度等个性特征，如卡特尔十六种人格因素问卷（16PF）、艾森克人格测验（EPQ）等，用于全面分析个体的人格特征。

（2）心理健康测评量表。

心理健康测评量表用于测试个体的心理健康情况，如焦虑自评量表（SAS）、抑郁自评量表（SDS）等，用于评估个体的情绪状态。

（3）能力测评量表。

能力测评量表用于测量个体的智力水平和特殊能力，如韦氏儿童智力测试、韦氏幼儿智力测试等，用于评估儿童的智力发育水平，还比如对绘画、音乐、手工技巧、文书才能、空间知觉能力的测评量表等。

（4）态度测评量表。

态度测评量表用于测量个体对某一问题或观点的看法和态度，如李克特量表、瑟斯顿量表等。

心理量表具有标准化、客运化、可量化等优点，它通常具有标准化的题目、评分标准和答案，其测试结果具有较好的客观性和可比性，可以在较短的时间内迅速了解一个人的心理素质和潜在能力。

3. 投射测验法

投射测验（Projective Test）是一种心理测量技术，它通过向被试呈现模糊、不确定的刺激情境，观察被试对这些情境的知觉、理解、应对和自发产生的联想等反应，进而推断出被试的个性、情绪状态、内心世界等心理特征。

以下是几种常见的投射测验。

（1）罗夏墨迹测验。

向被试呈现一系列对称的墨迹图，要求被试根据墨迹的形状进行自由联想，描述看到的内容，通过分析被试的反应内容、反应方式、反应部位和决定反应的因素等，了解被试的个性、情绪、需求和动机。

（2）主题统觉测验。

向被试呈现一系列模棱两可的图画，让被试根据图画编一个故事，故事必须包括图画中的一些元素，通过分析被试所编故事的内容、情感色彩、主人公的性格特点等，了解被试的人格特质、价值观、生活经历等。

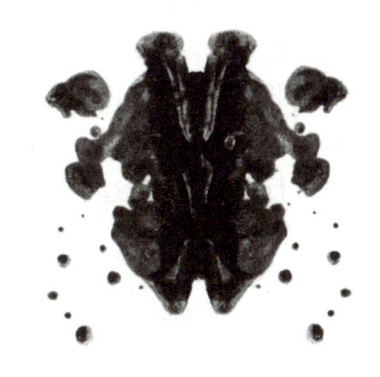

图2.9 罗夏墨迹图

（3）句子完成测验。

向被试呈现一系列未完成的句子，要求被试根据自己的想法完成句子，通过分析被试完成句子的内容、用词、语法结构等，了解被试的思维方式、情绪状态、人格特征等。

（4）绘画测验。

要求被试绘制一些特定的图像（如房子、树、人等），或者自由绘画，通过分析被试的绘画作品，如画面的布局、线条的流畅性、色彩的使用、画面的内容等，了解被试的个性特征、心理状态和情绪表达等。

投射测验在心理评估和临床心理咨询中具有广泛的应用，尤其在评估儿童、青少年和难以用言语表达自己内心世界的个体时更为有效。

4. 仪器测量法

仪器测量法（Instrumental Measurement Method）是一种通过科学的仪器对被试进行测试，以了解被试心理活动的一种科学方法。

常用的心理测量仪器包括多导仪、脑电图（EEG）、心率监测器、眼动仪等，对被试进行心理活动的客观记录和评估。这些仪器能够精确、快速地收集被试在特定情境下的心理反应数据，为心理测量提供科学依据。

仪器测量法通过科学的仪器进行客观记录，减少了主观因素对测量结果的影响，提高了测量的准确性和可靠性，测量仪器还可以实时监测被试的心理活动和生理变化，为心理干预提供及时的反馈和调整依据。

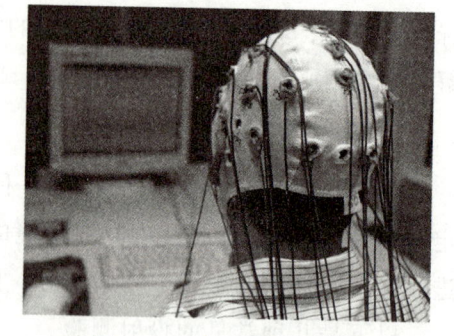

图 2.10　脑电图（EEG）

当然，仪器测量法也有其局限性，这些仪器的成本往往较高，且需要专业的操作和维护。不同的心理测量仪器适用于不同的测量对象和测量任务，因此在实际应用中需要根据具体情况选择合适的仪器和方法。

请通过"章节练习 2.1"来完成"雨中人"心理测试，对最近自己心理压力及应对方式进行评估，并通过本次章节练习来熟悉心理测试的方法以及心理评估的方式。

（三）轨道列车司机的心理测试

心理测试与轨道交通行车安全看似是两个不直接相关的领域，但实际上，它们之间存在着一定的联系。

通过心理测试，可以评估轨道列车司机的心理状态和认知能力，从而预测可能的事故风险，这有助于制定针对性的预防措施，减少事故的发生。

1. 轨道列车司机的心理测试要求

2018 年 5 月，交通运输部颁布《城市轨道交通运营管理规定》，提出运营单位应当对列车驾驶员定期开展心理测试，对不符合要求的及时调整工作岗位。

在 2019 年发布的《国家职业技能标准 轨道列车司机（城市轨道交通列车司机）》中，明确将心理测试纳入轨道列车司机的基本要求当中。

根据中国城市轨道交通协会印发的《城市轨道交通列车司机心理素质测试规范》相关要求，轨道列车司机的心理测试周期一般情况下应保证每年一次，特殊情形时也可安排司机进行心理测试，如在司机选拔、新司机入职、司机转岗等涉及员工接触新岗位的情形；或出现重大事件、事故、离岗 6 个月以上等对司机心理可能产生影响时，均可开展心理测试。

2. 轨道列车司机的心理测试内容

根据《国家职业技能标准 轨道列车司机（城市轨道交通列车司机）》相关规定，轨道列车司机开展的心理测试内容如下。

（1）心理健康。

心理健康具体包括情绪复原，价值取向，个性特征三个方面。

情绪复原测试旨在评估列车司机在面对逆境、压力或挫折时的情绪恢复和调整能力。

价值取向测试用于了解列车司机对工作的态度和动机，判断其是否具备长期从事该职业的意愿和动力，从而预测其工作表现和职业发展潜力。

个性特征测试旨在评估轨道列车司机是否具备从事列车驾驶工作所需的人格特征与职业特质。

（2）心理能力。

心理能力具体包括认知能力（判断力、注意力、学习能力），心理适应能力。

认知能力测试旨在评估司机在驾驶过程中所需关键能力，以确保其能够安全、高效地完成驾驶任务，具体包括了判断力、注意力和学习能力等方面。

心理适应能力测试用于评估轨道列车司机在面临工作压力、复杂环境等挑战时，能够保持心理稳定、有效应对的能力。

为轨道列车司机定期开展心理测试是非常必要的，这不仅是对乘客生命安全的负责，也是对司机个人职业发展的关心。通过科学、全面的心理测试，可以发现列车司机的心理问题与隐患，保障列车司机良好的心理素质，为轨道交通行业的安全、高效运行提供有力保障。

【拓展阅读2.3】

武汉地铁：心理测评为司机上好"安全锁"

在地铁行业中流传着这样一句话——"手柄轻四两，责任重千斤"。"目前，武汉地铁有2000余名列车驾驶员，他们常年保持列车驾驶环境同一、动作同一的'模式化'作业，工作相对枯燥。"武汉地铁运营部门人员表示，"列车驾驶员都是单兵作业，他们在背负乘客安全出行责任的同时，还需要承受各类应急事件带来的压力。"

2018年，交通运输部印发了《城市轨道交通运营管理规定》，其中明确要求，运营单位应对列车驾驶员定期开展心理测试，对不符合要求的驾驶员及时调整工作岗位。

发现问题才能"对症下药"。武汉地铁率先在列车驾驶员群体启动了心理测评工作，分析可能存在心理问题的诱因，对于测评结果存在问题的驾驶员，有针对性地开展个体咨询和团体辅导。

2019年，心理测评工作逐步拓展至全体员工。为确保测评工作规范化、常态化开展，武汉地铁搭建了心理测评系统，建立"入职筛查——在职普查——重点观察"的心理排查机制，利用《症状自评量表（SCL-90）》专业心理测评工具累计开展2.4万人次心理测评，并以此项数据为基础，建立了员工心理健康常模，让心理测评分析更加精准。

"专业系统的心理测评是对安全关键岗位人员心理健康水平的全面'体检'，这不仅是对员工个人负责，更是对乘客的安全出行负责。"武汉地铁运营有限公司客运三中心相关管理人员说，"通过专业的心理测评，我们可以帮助员工一起找出情绪问题诱因，比如家庭出现重大变故、感情不顺利、工作方法不正确等，进而有针对性地解决员工的情绪问题。"

2021年，武汉地铁开展全员心理测评，结果显示，员工心理健康整体状况优于全国常模，这为武汉地铁运营安全生产挂牢了心理健康的"安全锁"。

——引自《中国交通报》

【章节练习2.1】

绘画测验——雨中人

"雨中人"是绘画测验的一种方法，用于考察人们在压力情境下的反应，最早由爱布拉姆斯及阿姆钦提出。在实施这个测验时，参与者被要求在纸上画出一个人物在雨中的情景，这不仅可以反映画者的情感状态，还能揭示他们如何应对生活中的压力和挑战。

"雨中人"测试的具体操作步骤如下。

测试工具：笔、白纸。

测试时间：15分钟。

指导语：请大家闭上眼睛，想象你现在正处于雨中，然后请大家睁开眼睛，用笔画一张雨中的人。

指导老师引导大家完成雨中人的绘画，并组织学生以小组为单位，对绘画进行解读。

雨中人应该如何解读呢？

主要关注六个关键点：

一是雨本身。雨的大小、稠密程度，代表外在压力的大小。单个雨线条长代表面对的任务很重，单个雨线条短而密集，代表面对的压力是琐碎而繁多的。

图 2.11 雨中人

二是人本身。人的大小代表人的自信程度，五官、四肢的清晰程度代表人是否有完好的自我认知。

三是遮雨工具本身。遮雨工具代表着减压的方法和解决问题的方法。如遮雨的工具很少，也就代表着他们遇到压力其实不太会调节。

四是遮雨有效性。遮雨有效性代表减压的有效程度。如图中连遮雨方式都没有，表明遮雨的有效性很低，不光会被淋湿，而且还有引来雷电的风险。

五是关注人的感受。感受表示压力中的心态，积极还是消极应对。如雨中人的嘴被涂黑或者是瘪着嘴，也就是说他们面临压力的时候，更多是消极地去应对。

六是花草树木。花草树木代表着面临压力的时候，他们是否会学着去转移注意力，比如通过听音乐、看电影等方式减压。

心理篇：

行车安全从心开始

【篇章导航】

"手柄轻四两、责任重千斤"，轨道列车司机是关乎人民群众生命安全的一个重要职业，担负着为人民群众提供安全、可靠、便捷、舒适通勤服务的重任。他们通过熟练掌握列车操作技能，严格遵守安全规章制度，时刻保持警惕，确保列车在轨道上平稳、安全运行，从而最大限度地保障乘客的生命安全。

轨道列车司机长时间在封闭、狭窄且噪声较大的驾驶室内工作，长时间黑暗、封闭的环境容易让司机产生枯燥、压抑和焦虑等负面情绪，从而影响驾驶时的注意力和判断力。为了确保行车安全，轨道列车司机需要长期保持高度的警觉性和专注度，他们承担着保障乘客生命安全的重大责任，一旦发生事故，就会造成人员伤亡和财产损失，这种高强度的工作模式容易导致列车司机出现各类心理问题。

因此，确保轨道列车司机良好的心理状态对于行车安全非常重要。交通运输部颁布的《城市轨道交通运营管理规定》中明确提出"运营单位应当对列车驾驶员定期开展心理测试，对不符合要求的及时调整工作岗位"。轨道交通运营单位应当对列车司机的情绪复原、价值取向、心理适应等方面给予足够的关注与支持。在后续篇章中，我们将会学习如何应对行车过程中出现的负面情绪，对不良状态进行心理调适，保持正确的价值取向等，为成为一名优秀的轨道列车司机做好充分的心理准备。

【篇章目标】

◆ 分析情绪对轨道列车司机的影响
◆ 提升轨道列车司机的情绪复原能力
◆ 保障轨道列车司机具有正确的价值取向
◆ 熟悉轨道列车司机应当具备的个性特质
◆ 理解列车司机的认知能力对行车安全的影响
◆ 掌握轨道列车司机的认知能力训练与提升方法

- ◆ 能对轨道列车司机的常见心理适应问题进行心理调适
- ◆ 熟悉轨道乘客的心理需求、群体心理特征
- ◆ 掌握轨道乘客的不安全行为表现及心理原因

【篇章内容】

- ◆ 第三章 情绪与行车安全
- ◆ 第四章 轨道列车司机的价值取向
- ◆ 第五章 轨道列车司机的个性特质
- ◆ 第六章 认知能力与行车安全
- ◆ 第七章 心理适应与行车安全
- ◆ 第八章 轨道乘客心理与行为分析

第三章 情绪与行车安全

【知识目标】

◇ 了解情绪的概念、分类、特性与表现
◇ 理解负面情绪的概念及影响
◇ 掌握列车司机常见的负面情绪
◇ 理解情绪复原与情绪复原力的概念

【能力目标】

◇ 能够缓解负面情绪对自身的影响
◇ 能够利用情绪复原方法恢复自身情绪

【关键概念】

◇ 情绪、情绪表现、负面情绪、情绪复原、情绪复原力

【知识框架】

```
                        ┌── 情绪的概念
              ┌─ 认识情绪 ┼── 情绪的分类
              │         ├── 情绪的特性
              │         └── 情绪的表现
情绪与         │
行车安全 ──────┼─ 负面情绪对轨道列车司机的影响 ┬── 轨道列车司机的负面情绪
              │                            └── 负面情绪对轨道列车司机的影响
              │
              └─ 轨道列车司机的情绪复原 ┬── 情绪复原与情绪复原力
                                     ├── 情绪复原力对列车司机的意义
                                     └── 轨道列车司机的情绪复原方法
```

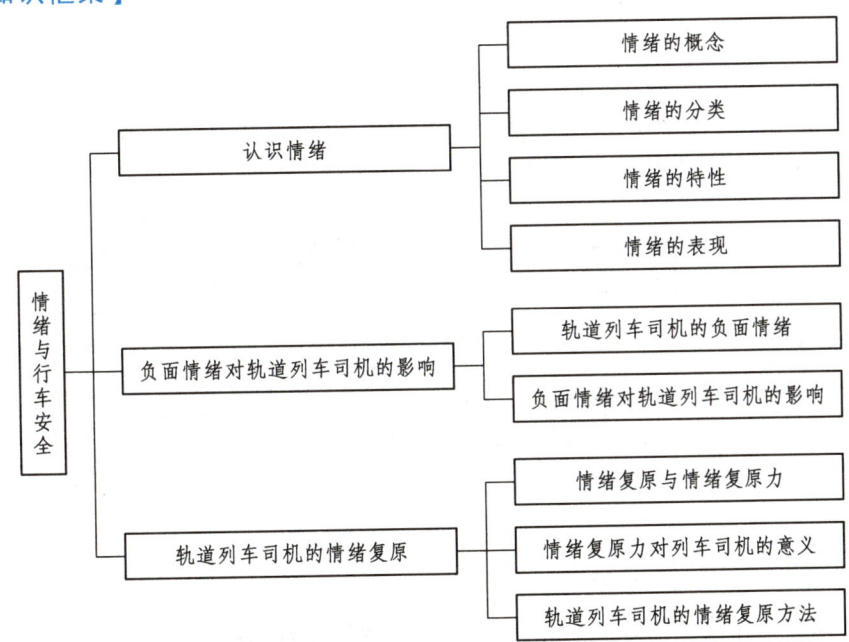

图 3.1 第三章知识框架图

第一节　认识情绪

（一）情绪的概念

情绪是日常生活中不可或缺的一部分，对于我们的日常生活、工作、社交和整体健康都具有极其重要的影响，每个人都会体验到不同的情感状态。

情绪（Emotion）是人对客观事物的态度反映，是多种感觉、思想和行为综合产生的心理和生理状态。

情绪是人的重要心理活动之一，在我们的日常生活中扮演着至关重要的角色。情绪是我们与他人建立联系和沟通的重要工具，通过表达情绪，可以让他人了解我们的需求和感受，从而增进彼此的理解和信任。同时，情绪也是我们感知和理解他人情感和意图的关键。

情绪状态还会对我们的工作效率产生直接影响，当我们处于积极、愉悦的情绪状态时，我们的大脑更加活跃，思维更加敏捷，从而更容易解决问题和完成任务。相反，负面情绪可能使我们感到疲惫、无助和分心。

此外，情绪与我们的身体健康密切相关，长期的负面情绪，如焦虑、愤怒、抑郁等，可能导致身体健康问题，如失眠、高血压、心脏病等。而积极的情绪，如乐观、满足、喜悦等，则有助于保持身体健康和心理平衡。

（二）情绪的分类

情绪是作为对事物的一种反映形式存在的，其内容丰富且复杂。根据情绪的性质、状态及包含的社会内容，可以做出不同的分类（见图 3.2）。

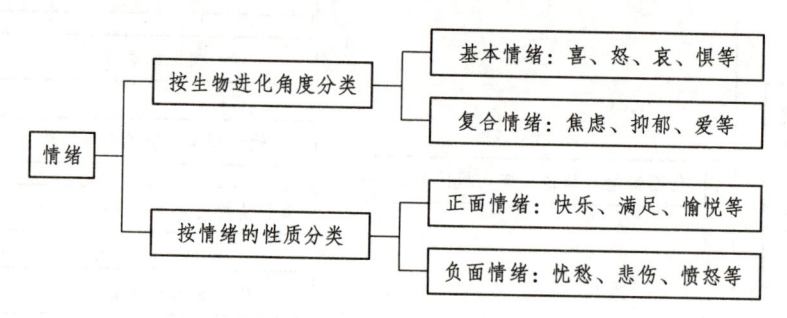

```
情绪 ─┬─ 按生物进化角度分类 ─┬─ 基本情绪：喜、怒、哀、惧等
      │                      └─ 复合情绪：焦虑、抑郁、爱等
      └─ 按情绪的性质分类 ─┬─ 正面情绪：快乐、满足、愉悦等
                          └─ 负面情绪：忧愁、悲伤、愤怒等
```

图 3.2　情绪的分类

1. 按生物进化角度分类

从生物进化角度，可以将情绪分为基本情绪与复合情绪。

（1）基本情绪。

基本情绪（Basic Emotion）也称为原始情绪，是指那些人类和动物共有的、不学而会的情绪。

基本情绪具有普遍性，跨越文化和物种的界限，对于个体的生存和适应具有重要意义。

近代研究中常把快乐、愤怒、悲哀和恐惧列为情绪的基本形式。此外，部分研究者则认为基本情绪还包括惊讶、厌恶、羞耻、轻蔑等。

常见的基本情绪如下：

① 快乐：一种积极向上的情绪，通常伴随着愉悦、满足和兴奋的感觉。

② 愤怒：一种强烈的情绪反应，通常由于对某些不公平或不满意的事物感到愤怒、恼怒或愤慨。

③ 悲哀：一种消极的情绪，常常伴随着失望、悲痛和哀伤的感受。

④ 恐惧：一种对未知或有威胁的事物感到害怕、担心和不安的情绪。

图 3.3 基本情绪

基本情绪在人类的生存和适应中发挥着重要作用，它们不仅帮助人们感知和应对外界环境的变化，还促进社交互动和人际关系的建立。每种情绪都有其独特的神经生理机制、内部体验、外部表现和不同的适应功能。例如，快乐可以激发人们的积极性和创造力，愤怒可以激发人们的反抗和斗争精神，悲哀可以促使人们反思和成长，而恐惧则帮助人们避免潜在的危险。

（2）复合情绪。

复合情绪（Complex Emotion）是由基本情绪的不同组合而派生出来的情绪。

复合情绪是基本情绪的组合和派生，它们可能包含多种基本情绪的成分，复合情绪的名称和定义可能因文化和个人的不同而有所差异。复合情绪可以有上百种，而且并非所有由基本情绪组成出的复合情绪都可以命名。常见的复合情绪如下。

① 焦虑：由痛苦、愤怒、恐惧、悲伤等多种基础情绪组成，常见于生活压力、人际关系问题、健康状况、遗传易感性等多种情境下。

② 敌对：由愤怒、厌恶和轻蔑这三种基本情绪组成，常见于个体感受到被轻视、被指责、被伤害的被动情境，以及对自己不满、厌恶的主动情境。

③ 紧张：由恐惧和害羞等情绪混合而成的复合情绪，常见于面对压力或不确定性的情境中。

复合情绪的出现往往与特定的情境或事件相关，它们可能涉及更复杂的认知评价和应对策略。

2. 按情绪的性质分类

按照情绪的性质以及对人的影响，可以将情绪分为正面情绪与负面情绪。

（1）正面情绪。

正面情绪（Positive Emotion）也称积极情绪，指那些使人感到愉悦、满意、满足和积极向上的情绪。

正面情绪包括但不限于喜悦、幸福、满足、自豪、爱、希望、乐观等。

正面情绪对于个体的心理和社会功能具有积极的影响，它们能够增强个体的幸福感和生活满意度，提高个体的自尊心和自信心。同时，正面情绪还有助于促进人际关系的和谐，增强个体的社交能力和合作意愿。此外，正面情绪还能够激发个体的创造力和创新能力，提高工作效率和生产力。

在面临困难和挑战时，正面情绪也能够帮助个体更好地应对压力，减少焦虑和抑郁等负面情绪的影响。正面情绪有助于个体保持积极的心态，看到问题的积极面，从而更有可能找到解决问题的有效方法。

（2）负面情绪。

负面情绪（Negative Emotion）也称消极情绪，指那些使人感到不愉快、不舒适或消极的情绪。

负面情绪可能由多种因素引起，包括生活压力、人际关系问题、健康问题、失落感、挫败感等。负面情绪的种类很多，包括但不限于愤怒、悲伤、焦虑、恐惧、沮丧、失望、羞耻等。

负面情绪在人们的日常生活中很常见，它们是人类情感反应的一部分。当负面情绪过于强烈或持续时间过长时，可能会对个体的身心健康产生负面影响。过度的负面情绪可能导致心理压力增大，影响个体的情绪状态、思考能力和行为决策，甚至可能引发心理疾病，如抑郁症、焦虑症等。

虽然负面情绪在某些情况下可能会给人带来痛苦和困扰，但它们同样具有积极的功能。例如，愤怒可以激发个体采取行动维护自己的权益；悲伤可以促使个体反思过去并寻求改变；焦虑则可能提醒个体注意潜在的风险和威胁。

【课堂讨论 3.1】

负面情绪的作用

愤怒、悲哀、恐惧等都是人的负面情绪，此类情绪体验是不积极的，身体也会有不适感，影响工作和生活，甚至对身心造成伤害，但这些负面情绪是否有积极的作用呢？如果有，主要是哪些积极作用呢？

以小组为单位进行讨论，并将讨论结果写于下方。

（1）_____

（2）_____

（3）_____

（三）情绪的特性

情绪既是主观感受，又是客观生理反应，这些感受与反应是个体对周围事物、自身以及自己活动产生的态度体验，是人脑对客观现实与人的需要之间关系的反映。

情绪具有如下特性。

1. 两极性

情绪的两极性（Emotional Bipolarity）是指两种或多种情绪体验在性质上呈现出截然相反的特点。

这种两极对立在人们的情感生活中是普遍存在的，反映了人类情感的复杂性和多样性。

情绪两极性体现在情绪的肯定和否定的对立上，如满意和不满意、愉快和悲伤、爱和憎，等等。值得注意的是，情绪的两极性并不是绝对的，它们可以相互转化和共存。例如，当人们面临挑战或困难时，可能会经历短暂的消极情绪，但随着问题的解决和目标的达成，这些消极情绪可能会转化为积极情绪。

情绪的两极性还可以表现在强度的对立上，即从弱到强的两极状态。许多类别的情绪都可以有强、弱的等级变化，如从微弱的不安到强烈的激动，从愉快到狂喜，从微愠到暴怒，从担心到恐惧，等等。

心理学家罗素（James A. Russell）提出的情绪维度理论将情绪按照"愉快度"和"强度"两个维度，将其划分为了不同类别，图 3.4 是罗素建立的情绪环形模型，可以在模型中通过对角线轻易找出多种对立的情绪。

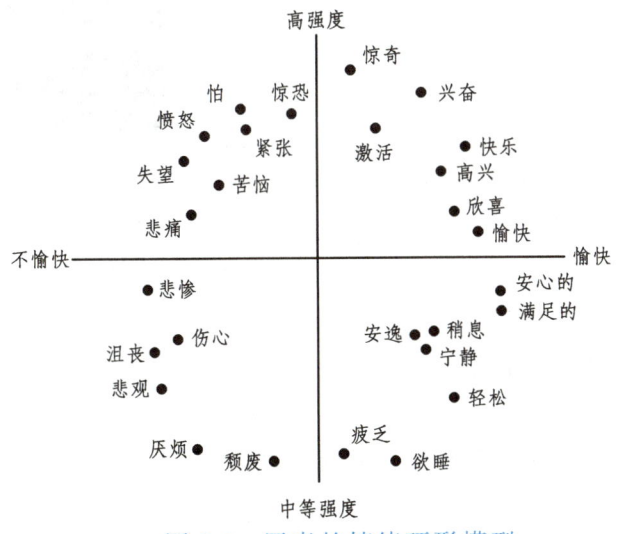

图 3.4 罗素的情绪环形模型

2. 感染性

情绪的感染性（Emotional Contagion）是指情绪可以在人与人之间无意识地传递，影响他人的情感状态。

人的情绪具有很强的感染性，不仅影响自身的身心状态，也会感染他人。在人际互动中，人们很容易被对方情绪感染，产生相应的情绪体验。积极的情绪向人们传递的是愉快、接纳、满意、肯定等信息，会使对方心情愉快；消极的情绪向人们传递的是不悦、排斥、拒绝、不满、否定等信息，往往会使对方感到压抑。

需要注意的是，情绪感染并不是一种单向的过程，而是个体之间相互作用的结果。每个人的情绪状态都可能受到他人的影响，同时也在影响着他人的情绪。因此，我们需要学会有效地管理和调节自己的情绪，以避免负面情绪的传播和扩散，同时积极传递正面情绪，促进人际关系的和谐与发展。

在现实工作和生活中，一些乘客不善于把握和控制自己的情绪，愤怒时，常常怒气冲天，甚至出言不逊，致使周围的人受到伤害。

【拓展阅读 3.1】

笑的传染

几乎每次一群人里有人开始大笑时，马上就有其他人也跟着笑得前俯后仰。现在，研究者已经发现了隐藏在这个现象后的秘密，而且解释了为什么大笑会这么容易传染。

伦敦大学学院的索菲娅·斯科特（Sophie Scott）对 20 个志愿者的大脑活动做了核磁成像，在扫描他们大脑的同时给他们听大笑声或狂喜的尖叫声或因为害怕和厌恶而抱怨的声音。她还给他们播放了一种中立的没有特别含义的人造声音。

图 3.5 笑的传染

研究发现，当人们听到笑声或满意的声音后，大脑的反应比听到消极情绪的声音的反应明显，这意味着当听到别人值得高兴的事情后，大脑更愿意去模仿。

也许这可以解释为什么大笑这么容易传染，但是研究者仍然疑惑为什么会这样。

有一个解释指出：在大脑的进化过程中，当有杂乱无章的争斗时，笑声会释放一个明显的信号——这并不是真的争斗。

另外，斯科特认为模仿别人的情绪能使人与人之间的交流和互动更容易。

就同一个笑话大笑能表现出我们对别人的接纳和认可，这也许是为什么大笑具有传染性的原因。

3. 动力性

情绪的动力性（Emotional Dynamism）也叫情绪的能量特性，指情绪能够给心理活动输注一定的能量，进而影响个体的行为和认知表现。

具体来说，当个体的情绪状态发生变化时，其心率、呼吸、血压、激素水平均会发生明显的变化。例如，在恐惧的情绪下，个体会出现心跳加快、呼吸急促、肌肉紧张等生理反应，这些反应为个体采取进攻或逃跑提供了必要的生理准备。

情绪的动力性不仅表现在对生理反应的影响上，更体现在对个体行为和认知的驱动上。情绪越强烈，对行为的驱动力通常也越大。一个处于激情状态下的人，其行为往往受到情绪的强烈驱动，可能需要更多的时间来恢复平静。此外，情绪的动力性还对人的感知、思维、记忆、注意、观念、欲望等心理诸方面都有一定的驱动作用。

同时，情绪的动力性具有增力和减力两极。当个体的需要得到满足时，会产生积极的情绪，这种情绪能够提高人的活动能力，对行为起促进作用；相反，当需要得不到满足时，会产生消极的情绪，这种情绪会降低人的活动能力，对行为起瓦解作用。

（四）情绪的表现

刚出生的婴儿便有情绪表现，如害怕、愤怒、高兴等，即一些原始的情绪反应，其与生理需求是否得到满足有关，是与生俱来的。因此，情绪表现是人类进化与适应的产物。

情绪表现是有机体情绪状态的外部表现，包括面部表情、身体姿态和言语三个方面。

1. 面部表情

面部表情（Countenance）是指通过眼部肌肉、颜面肌肉和口部肌肉的变化来表现各种情绪状态。

面部表情是人类表达情感、传递信息和交流思想的重要手段之一。不同的情绪会产生不同的面部表情。面部表情能精细、准确地反映人的情绪。

伊扎德（C. E. Izard）将人的面部分为额眉—鼻根区、眼—鼻颊区、口唇—下巴区，其认为这三个区域的活动构成了不同的面部表情，表达着相应的情绪。比如，人愉快时，额眉—鼻根区放松，眉毛下降；眼—鼻颊区眼睛眯小，面颊上提，鼻面扩张；口唇—下巴区嘴角后收、上翘。这三个区域的肌肉运动组合起来就构成了笑的面部表情（见图3.6）。

在表现不同情绪的面部表情中，起主导作用的肌肉各有不同。如笑时嘴角上翘，惊奇时眼和嘴张大，悲哀时双眉和嘴角下垂。

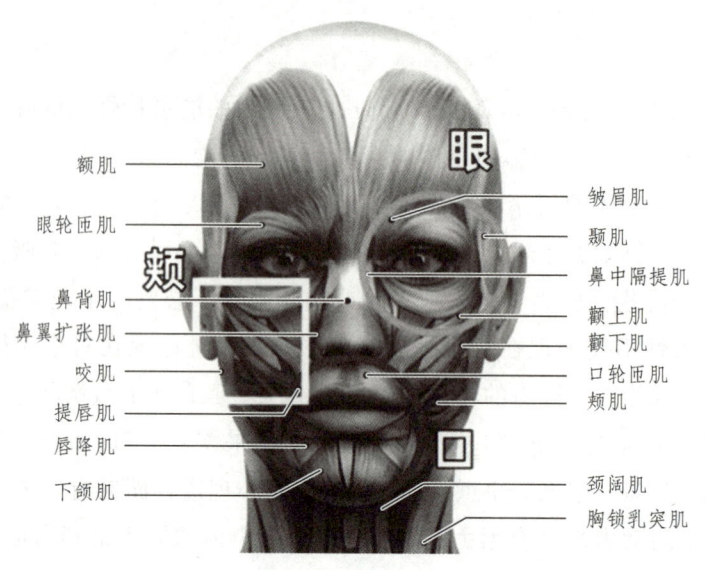

图 3.6　面部肌肉

【拓展阅读 3.2】

心理学实验——面部表情实验

世界上所有人的面部表情都一样吗？

美国心理学家保罗·艾科曼（Paul Ekman）（见图 3.7）和他的工作团队来到了位于巴布亚新几内亚东南部的高原，在那里生活的南弗尔族人与世隔绝，其社会状态仍处于石器时代。很多当地人几乎没有接触过西方或东方的现代文化。也就是说，除了本族人的面部表情外，他们没有接触过来自其他文化的表现情绪的面部表情。

这次研究总共选中了 189 名成年人和 130 名儿童。研究人员给他们呈现了三张印有不同面部表情的照片，同时读一段简短描述该情绪产生的情境或故事情节。每一段情节描述对应三张照片中的一张。听完故事后，要求被试指出与该情节描述最为匹配的面部表情照片。

图 3.7　保罗·艾科曼

最终，艾科曼团队将基本情绪确定为愉快、悲哀、愤怒、惊奇、厌恶、恐惧六种，并编制出与之相匹配的故事情节：

愉快——他/她的朋友来了，他/她很高兴。

悲哀——他/她的孩子/妈妈死了，他/她感到很悲伤。

愤怒——他/她很生气，而且要动手打架。

惊讶——他/她看到一件出乎意料的新玩意儿。

厌恶——他/她看见一件他/她不喜欢的东西；或者他/她闻到某种很难闻的东西。

恐惧——他/她独自坐在自己的屋子里，整个村子里没有其他人。屋子里没有刀、斧头或弓箭，一头野猪正站在他/她的家门口。

实验结果发现：所有参与实验的南弗尔族人除了在识别恐惧和惊奇时正确率稍低外，其他情绪识别率都非常理想，达到了统计学上的显著水平，艾科曼团队的研究科学地证实了人们对面部表情具有普遍性猜测认知。

---

2. 身体姿态

身体姿态（Posture）是除面部之外身体其他部位的动作。

头、手和脚是表达情绪的主要身体部位。例如，人在欢乐时手舞足蹈，悔恨时捶胸顿足，惧怕时手足无措，羞怯时扭扭捏捏。舞蹈和哑剧是演员用身体姿态和面部表情反映情感和思想的艺术形式。

以手部肢体动作为例，不同的手部动作体现了不同的情绪状态。

尖塔式手势：代表自信的一种手部动作，对自己的想法或地位非常自信，是某些地位较高的人的保留动作（见图3.8）。

而人在有压力或焦虑状态时，手部往往会无意识地抓紧且不停地搓动，甚至发抖（见图3.9）。

图3.8 尖塔式手部动作　　图3.9 紧张焦虑时手部动作

如果在与人沟通时双手交叉、环抱双手，则体现了距离感，希望用手臂形成与对方的阻隔，与对方保持一定的距离，是一种潜意识的自我保护（见图3.10）。

图3.10 双手叉腰动作

从某种角度而言，某人双手叉腰表明其具有一定的进攻性，而双手摊开则表明其不具有威胁性，双手捂住自己的脸部表明无奈与懊悔等。

【课堂讨论 3.2】

身体姿态反映情绪

人的身体姿态往往与自身情绪状态有关，微小的手部动作或全身的姿态都体现了情绪的变化。除了上述例子外，你还知道哪些表现自身情绪状态的身体姿态？

以小组为单位进行讨论，并将讨论结果写于下方。

（1）_____

（2）_____

（3）_____

3. 言　语

言语（Speech）是指人们运用语言进行交际的过程。

人们通过语言交流时，会不可避免地带有情绪，使得言语不仅仅是传递信息的工具，更成为表达内心感受的媒介。

言语的声调、节奏和速度不同，其情绪也不同。言语中的情绪可以表现为不同的词汇和语气选择。当人们感到高兴时，可能会使用积极的词汇，语调轻松愉快；而悲伤时，可能会选择沉重、伤感的词汇，语调低沉。愤怒时，言语可能变得激烈、尖锐，甚至带有攻击性。恐惧时，声音可能颤抖，语言充满不安和担忧。

此外，言语中的情绪还可以通过语言的节奏、音量和音调等因素来传达。例如，兴奋时语速可能加快，音量提高；而沮丧时，语速可能放缓，音调降低。

身体姿态与言语一样是人际交往的重要工具，但是在三种主要表情动作中面部表情起主要作用，而身体姿态和言语往往是情绪表达的辅助手段。

第二节　负面情绪对轨道列车司机的影响

（一）轨道列车司机的负面情绪

轨道列车司机的负面情绪与他们的工作性质息息相关，列车司机肩负着确保乘客安全的重要责任，在驾车过程中必须精神高度集中，并且时常是要长时间地承受各方面的心理压力,从而导致司机出现负面情绪,进而影响其驾驶水平。

1. 焦 虑

焦虑(Anxiety)指个体在面临压力、不确定性或潜在威胁时,产生的一种内心不安、担忧或紧张的情绪状态。

焦虑通常表现为对未来可能发生的、难以预料的某种危险或不幸事件的担心和烦恼,其往往伴随着紧张、不安、恐惧、烦躁和压抑等感受,并可能引发一系列生理和心理反应,如心跳加速、出汗、呼吸急促、失眠等。

焦虑是列车司机最为常见的负面情绪,高焦虑的列车司机在驾驶作业过程中可能存在惊恐发作、心慌

图 3.11 焦虑

心悸等症状,导致其操作失误、紧张出错等情况,对于轨道交通安全的影响不容忽视。

轨道列车司机在日常工作中需要保持高度的警觉性和专注度,以确保列车安全、准时地运行。他们承担着保障乘客生命安全的重大责任,一旦发生事故,不仅会造成人员伤亡和财产损失,还会给列车司机带来巨大的心理压力和负罪感,从而引发焦虑的情绪。

轨道列车司机还面临着许多不可预见的风险和挑战,如恶劣的天气条件、设备故障、紧急情况等。这些突发情况需要他们迅速做出决策和反应,这种高要求的应急处置能力可能会让司机感到紧张和焦虑。此外,如果司机在生活中遇到压力或问题,如家庭矛盾、经济压力等,都可能影响到他们的工作状态和心理健康,进而产生焦虑情绪。

2. 压 抑

压抑(Repression)是指个体在面对不愉快、痛苦或冲突的情感体验时,选择将这些情感深埋心底,不轻易或不愿意通过语言、行为或其他方式表达出来的一种心理状态。

压抑可能源于多种原因,包括个人的性格特点、过去的创伤经历、社会文化背景以及当前的生活压力等。个体可能认为表达这些情感是不被接受或理解的,或者担心表达后会受到批评、指责或孤立。因此,他们选择将这些情感压抑下去,以维持表面的平静和和谐。

压抑是轨道列车司机常见的负面情绪之一,压抑情绪下的列车司机可能表现出对工作的消极态度,缺乏热情和动力,不愿意与人交流,疏远同事和朋友,导致社交障碍等。长期压抑情绪还可能导致司机出现头痛、胃痛、失眠等身体不适的症状。

轨道列车司机的工作环境通常较为封闭、狭小,且大部分时间都在地下工作,这种环境可能加剧压抑感。同时,列车司机需要长时间的单人驾驶,缺乏与同事的实时

交流和互动，也可能导致社交障碍和压抑情绪的产生。

此外，列车司机个人的性格特质、家庭矛盾、职业晋升等也可能是压抑产生的原因。轨道列车司机的工作往往繁忙且不规律，可能导致他们难以维持工作与生活的平衡，他们的工作性质和压力往往不被外界充分理解，如果缺乏家庭与社会的正向支持，可能导致他们感到孤独和无助，从而加剧了压抑情绪的产生。

3. 厌　倦

厌倦（Boredom）是指个体在面对长时间重复、单调或缺乏挑战性的活动、任务或环境时，所产生的一种消极、疲惫、不感兴趣甚至反感的心理状态。

厌倦可能源于多种因素，包括但不限于工作内容的单调性、学习任务的繁重与枯燥、生活环境的单调乏味、缺乏个人成长和成就感的机会等。当个体感到无法从当前的活动或环境中获得满足感、成就感或新鲜感时，就容易产生厌倦情绪。

轨道列车司机的工作往往具有高度的重复性，每天需要执行相似的驾驶任务和操作流程。司机需要长时间在驾驶室内工作，面对的是相对封闭和固定的环境，缺乏变化和挑战，这种单一的环境与重复的工作容易导致司机产生厌倦情绪。

列车司机对驾驶工作的价值观和兴趣也是影响厌倦情绪的重要因素。当列车司机认为自己的工作没有实现他们的个人价值，或对驾驶工作本身缺乏兴趣或热情时，就会对工作产生抱怨与不满，他们会渴望更多的发展机会、更高的职业地位或更符合自己价值观的工作环境，但现实却无法满足这些需求，从而产生厌倦工作的负面情绪。

除了以上的负面情绪之外，轨道列车司机在某些特殊情况还可能出现愤怒、烦躁、孤独等负面情绪。这些负面情绪不仅可能影响列车司机个人的工作表现和健康，还直接关系到列车运行的安全和乘客的生命安全。因此，这需要得到轨道运营企业充分的重视和关注。通过提供心理健康支持、优化工作环境、加强培训和建立激励机制等措施来减少负面情绪对司机个人、列车运行和乘客体验的影响。

【拓展阅读3.3】

地铁司机：负面情绪的产生

地铁司机们长久地待在黑暗的空间里，面对着幽暗的隧道，也没有人可以陪着聊聊天，说说话。当无形的压抑一寸寸填满幽闭驾驶室内的空间，郁闷开始悄然滋长。

"一个人待在驾驶室内，面对的是无尽的隧道。一个人（心理）是很郁闷的，心理很难不出问题。"阿俞吐露着自己待在驾驶室内的烦闷，作为一名仅有两年驾龄的司机，他已经开始感受到这个岗位的不易。

阿俞驾驶的线路，有途经高架线的部分。从地下开往地上，阳光跳跃着洒入驾驶室,明亮取代黑暗,幽闭的视野一下变得开阔了起来。"到了地上,心情肯定会变好。"犹如缺氧的鱼,短暂跃出水面,贪婪地吸收氧气。短暂出水后,鱼又必须潜回水中,经受水底的压力。

除了黑暗幽深的工作环境外,司机每天要不停做手指口呼,这样的机械性重复让阿俞直呼"已经麻了"。这种每天要重复上千遍的手指口呼任务,给司机带来的更多是枯燥的感觉。阿俞曾经计算过,一天开几趟车下来,自己做了大概一千多次的手指口呼,"说白了,干我们这一行就是要做重复性、机械性的工作"。

图3.12 列车司机工作环境

难上加难的是,在幽暗的环境、枯燥的工作中,司机们没有"摸鱼"的机会,要求甚至可以称得上严苛。阿俞形容驾驶室内装着的是"365度无死角"的监控,领导会不时检查。"哪怕你是突然间抠了抠鼻子,挠了一下头发,可能没多久就会被你的领导点名批评,说不要有太多的小动作。"

幽暗压抑的环境、严格的考核、机械且重复的工作,对于司机们的心理都是一场严峻的考验。只有通过这场考验的司机们,才能够真正从容地面对这份肩负重任的工作。

——引自澎湃新闻·澎湃号·湃客

以小组为单位进行讨论,阿俞产生了哪些负面情绪?这些负面情绪产生的原因是什么?

(1)_____
(2)_____
(3)_____

(二)负面情绪对轨道列车司机的影响

负面情绪对轨道列车司机的影响是显著且多方面的,具体影响如下。

1. 影响列车司机的注意力和判断力

当列车司机处于负面情绪状态时,他们的注意力可能无法完全集中在驾驶任务上。这种注意力的分散可能导致他们错过重要的交通信号、标志或其他列车的动态,从而增加了事故的风险。

在负面情绪的影响下,列车司机的决策能力可能下降,容易做出不理智或错误的决策。在紧急情况下,司机需要迅速、准确地做出决策。然而,当司机处于愤怒、焦虑或沮丧等负面情绪时,他们的判断能力可能会受到削弱。这可能导致他们做出不理智的决策,从而增加事故的风险。此外,在压抑或情绪低落的状态下,驾驶员可能会过度谨慎或没有信心,导致错失从容处理突发状况的机会,增加事故发生的风险。

2. 增加列车司机的风险驾驶行为

负面情绪如焦虑、烦躁等会伴随着冲动和易怒的特点,这可能导致轨道列车司机在驾驶过程中出现冲动驾驶的行为。他们可能会因为一时的情绪失控而忽略行车安全规则,这些行为不仅危及自身的安全,也危及乘客的生命。

负面情绪可能使列车司机分心,无法专注于驾驶任务。他们可能会思考个人问题、担心未来或沉浸在负面情绪中,从而忽略了驾驶环境中的重要信息,如信号灯、路标和其他列车等。

长期处于负面情绪状态下的轨道列车司机可能更容易感到疲劳和厌倦,这种疲劳状态会削弱他们的反应能力和判断力,使他们更容易在驾驶过程中出现疏忽大意的行为。例如,他们可能因自身情绪原因,错过重要的安全提示、忘记执行某些操作或忽视乘客的求助,导致风险与事故的发生。

3. 影响列车司机的身心健康

负面情绪可能影响驾驶员的身体健康,如焦虑、紧张等负面情绪会引发身体的生理反应,如心跳加速、血压升高、呼吸急促等,长期下去可能损害心血管系统健康。负面情绪可能导致司机出现睡眠障碍,如失眠、多梦等,进一步影响他们的身心健康,进而影响列车司机的驾驶能力和行车安全。

负面情绪长期积累可能导致驾驶员出现心理问题,如长期承受负面情绪会导致压力不断累积,可能引发焦虑、抑郁等心理问题。在极端情况下,负面情绪可能导致司机情绪失控,影响他们的决策能力和判断力。这些心理问题不仅影响司机的个人生活质量,还可能对他们的工作表现和安全驾驶造成负面影响。

请大家在指导老师的带领下,通过"章节练习 3.1"进行负面情绪的调节练习,并通过此活动,了解负面情绪的调节与释放方法,缓解自身的不良情绪状态。

第三节　轨道列车司机的情绪复原

(一)情绪复原与情绪复原力

1. 情绪复原

情绪复原是维持情绪稳定的重要因素之一,通过提高情绪复原力,个体可以更好地应对生活中的挑战和困难,保持情绪的稳定和平衡。

情绪复原（Emotional Recovery）指个体在经历负面情绪、压力、挑战或创伤后，能够逐渐恢复到相对平衡、积极和适应性的情绪状态的过程。

情绪复原的过程不仅涉及情绪的平复和恢复，还包括个体对情绪体验的重新评估、调整应对策略、增强心理韧性以及重新找回生活的意义和目标。它涉及个体对困难经历的反弹能力，即从挫折中恢复原状，从失败中学习经验，从挑战中获得动力，并相信自己可以克服生活中的任何压力和困难。

2. 情绪复原力

情绪复原力（Emotional Resiliency）也被称为"复原力"或"心理韧性"，是指个体在面对压力、挫折、逆境、创伤、悲剧、威胁或其他重大压力时，能够良好适应并恢复的能力。

卡伦·莱维奇和安德鲁·夏特在《复原力的因素》一书中写道："复原力指的是能够从挫折中恢复原状，从失败中学习经验，从挑战中获得动力，以及相信自己可以克服生活中任何压力和困难的能力。"

情绪复原力是现代人不可或缺的一项能力，它关系到我们的身心健康、生活质量和个人成长。通过认识自己的情绪、接受自己的情绪、调整自己的情绪、从挫折中学习以及保持积极心态等方法，我们可以逐步提升自己的情绪复原力，从而更好地应对生活中的各种挑战和压力。

（二）情绪复原力对轨道列车司机的意义

情绪复原力能帮助轨道列车司机面对工作中的压力、挑战，帮助他们调整心态、恢复稳定情绪，安全有效地完成相关驾驶任务。对于轨道列车司机而言，这种能力尤为重要，它直接关系着列车司机的行车安全与工作效率。

情绪复原力的具体意义如下。

1. 应对长时间的压力

情绪复原力对于轨道列车司机来说，是应对长时间工作压力的一把重要钥匙。情绪复原力强的司机在面对长时间的工作压力时，能够保持心理弹性，即在压力下仍能保持灵活和适应的能力，他们能够快速从负面情绪中恢复过来，调整自己的心态，以积极的态度面对工作挑战。

有效的情绪复原力还意味着司机能够更好地管理自己的压力，了解并接受自己的压力源，采用积极的应对策略，如时间管理、放松技巧、社交支持等，来减轻和缓解压力的影响。

2. 减少人为失误

情绪复原力在帮助轨道列车司机减少人为错误方面发挥着关键作用。人为错误往往是由于注意力不集中、判断失误、操作疏忽或情绪波动等，而情绪复原力强的司机能够更有效地管理自己的情绪和心态，保持高度的专注与警觉，这种专注力使他们能够准确、及时地响应各种驾驶信号和指示，减少因疏忽或分心导致的人为错误。

在紧急或复杂情况下，情绪复原力强的司机能够保持冷静，进行理性的分析和判断。他们能够更好地权衡利弊，做出正确的决策，从而避免因冲动或情绪化而导致的错误决策。

3. 促进心理健康

情绪复原力能促进轨道列车司机的心理健康。情绪复原力本就是心理健康的重要组成部分，具备情绪复原力的人能够更好地处理情绪问题，减少焦虑和抑郁等负面情绪的产生，从而保持心理健康的稳定和平衡。

轨道列车司机面临着长时间工作、高度紧张、严格责任等多重压力，这些压力的长期积累会导致焦虑、抑郁等心理问题，而情绪复原力强的司机能够更好地应对这些压力，避免心理健康问题的产生。

在工作中，列车司机可能会遇到各种不愉快或挫折的情况，如乘客投诉、设备故障等。情绪复原力能够帮助他们迅速从负面情绪中恢复过来，在积极和消极情绪之间保持平衡，减少情绪困扰对心理健康的负面影响。

（三）轨道列车司机的情绪复原方法

轨道列车司机在工作过程中，面临着诸多压力和挑战，如长时间的单人驾驶、严格的安全责任、突发的紧急情况等，这些状况都会对列车司机的情绪产生较大的冲击与影响。

为了保证列车驾驶工作的顺利，轨道列车司机需要学会有效的情绪复原方法，为广大乘客的安全带来保障。

以下是一些常用的情绪复原方法。

1. 积极心理暗示

自我心理暗示是一种强大的心理工具，通过给自己积极的心理暗示，轨道列车司机可以更加乐观地面对生活中的挑战和困难，平复自身的负面情绪。

轨道列车司机可以通过以下技巧来进行自我暗示。

（1）积极肯定自己。

每天对自己说一些积极的话，比如"我很棒""我能够完成这个任务"等。轨道列车司机可以通过这些话帮助自己建立自信，减少自我怀疑。

（2）设定明确的目标。

轨道列车司机可以为自己设定明确、可实现的目标，并在实现过程中不断给自己积极的心理暗示。这样，就能够更有动力地朝着目标前进。

（3）想象成功的场景。

轨道列车司机可以在脑海中想象自己成功完成某项任务或达成某个目标的场景，感受那份喜悦和成就感。这种心理预演有助于我们在实际行动中更加自信地面对挑战。

（4）关注积极的方面。

当遇到困难或挫折时，轨道列车司机可以尝试从积极的方面去看待问题，告诉自己"这是一个学习的机会""我可以从中汲取经验"等。这样可以帮助我们保持乐观的心态，减少负面情绪的影响。

2. 合理安排工作与休息时间

轨道交通运营时间往往从早6点一直到晚上11点，早班的轨道列车司机起床时间一般是凌晨4点到5点，如此才能确保行车工作的顺利开展。

当人作息不规律、休息不足时，大脑中的情绪调节区域会受到影响，导致我们对情绪刺激的敏感度增加，更容易产生负面情绪，因此作息规律与工作时间的安排对列车司机来说尤为重要。

（1）合理安排工作时间。

在开始工作前，制定一个清晰的工作计划，明确每天或每个时间段的任务和目标，这有助于避免工作中出现混乱和遗漏，提高工作效率。将工作任务按照重要性和紧急性进行分类，优先处理重要且紧急的任务。这样，即使面对大量工作，也能确保关键任务得到及时完成。在工作间隙，可以适当地进行放松活动，如深呼吸、简单的伸展运动等，以缓解身体的紧张感。

图3.13 良好的睡眠

（2）保障睡眠时间。

良好的睡眠对于情绪稳定至关重要。确保每晚获得足够的睡眠时间，并创造一个安静、舒适的睡眠环境。轨道列车司机要确保每天有足够的睡眠时间，保持规律的作息习惯，这不但有助于恢复体力，还能提高应对负面情绪的能力。

3. 掌握自我放松技巧

学会放松技巧对于轨道客运服务人员来说非常重要。通过掌握这些技巧，轨道列车司机可以更好地应对工作中的压力，保持身心健康，减轻焦虑情绪、提升工作效率和保障行车安全。

以下是一些常用的自我放松技巧。

（1）深呼吸。

深呼吸是一种简单而有效的放松方法。通过缓慢、深长的呼吸，可以降低心率，放松身体紧张的肌肉，从而缓解压力和焦虑。轨道列车司机可以在工作间隙或感到紧张时，进行几次深呼吸练习，帮助自己恢复平静。

（2）渐进式肌肉放松。

渐进式肌肉放松弛是一种通过逐渐放松身体的肌肉来减轻压力和焦虑的放松技巧，其基本原理是通过肌肉的紧张和放松对比，使个体在放松时能够更深刻地感受到肌肉的松弛状态，从而增强对身体的控制力和放松感。这种方法有助于缓解因紧张、焦虑等情绪引起的身体不适。

（3）冥想与放松音乐。

冥想是一种有效的放松技巧，通过专注于呼吸或某个特定的声音、图像，帮助服务人员将注意力从日常工作中转移出来，达到放松的状态。同时，听一些舒缓的放松音乐也能够帮助服务人员放松心情，减轻压力。

【拓展阅读 3.4】

压力缓解办法——冥想

冥想是瑜伽实现入定的一项技法和途径，把心、意、灵完全专注在原始之初。冥想是一种让人获得宁静放松的方式，可以用来缓解自身心理压力，提升对情绪的控制能力。

在做冥想练习时，一定要选择一个幽静的环境，不受外界干扰，最好每天在同一时间同一地点练习，这样更容易集中注意力。练习时的姿势一定是舒适的，即可以长时间保持不动且不疲倦的姿势。练习前要先做几个缓慢深长的呼吸，让自己平静下来，进入冥想状态。

图 3.14 冥想

冥想可以通过以下步骤进行：

第一步，选择一个安静而舒适的环境。

第二步，设置好时间。

第三步，找到一个舒适的姿势。

第四步，做几个热身动作。

第五步，盘腿而坐，全身放松。

第六步，开始冥想，接受它们，试着将它们转移到你的呼吸上。

第七步，关注你的呼吸。

当闭上双眼后，把注意力放在呼吸上，以"平等心"去观察、觉知呼吸的进出。

对于当下的呼吸状况以及头脑中的念头，不做任何的判断、分析、联想和纠缠，就只是单纯地观察呼吸。

每天坚持半个小时的冥想，看看自己会发生什么变化。

【章节练习 3.1】

情绪的调节——同心园地

每个人都会受到不良情绪的影响，而不良情绪的调节方法之一就是向亲朋好友倾诉，通过与他人的沟通，让不良情绪得到释放。

你最近是不是受到了不良情绪的影响呢？如果有，可以把它分享出来，大家一起来探讨，以帮助大家更好地理解和管理自己的情绪。

活动准备：纸张、签字笔。

活动规则：

1. 每个同学用小纸条写出近期导致自己情绪不佳的问题，不记名。

2. 收集纸条并放在小盒子内，统一交给老师。

3. 老师随机抽取小纸条，让班上所有同学对其中的问题进行分析，共同探讨如何进行此类问题的情绪调节。

4. 每位同学将收获到的情绪调节办法进行整理，并将记录在下方。

（1）_____

（2）_____

（3）_____

第四章　轨道列车司机的价值取向

【知识目标】

◇ 了解价值取向的概念、意义与类型
◇ 掌握轨道列车司机应当具备的价值取向
◇ 理解价值取向对列车司机的影响
◇ 理解职业倦怠的概念及产生原因
◇ 了解职业倦怠与价值取向的关联

【能力目标】

◇ 能分析自身的价值取向类型
◇ 能积极应对职业倦怠的负面影响

【关键概念】

◇ 价值取向、价值取向类型、职业倦怠

【知识框架】

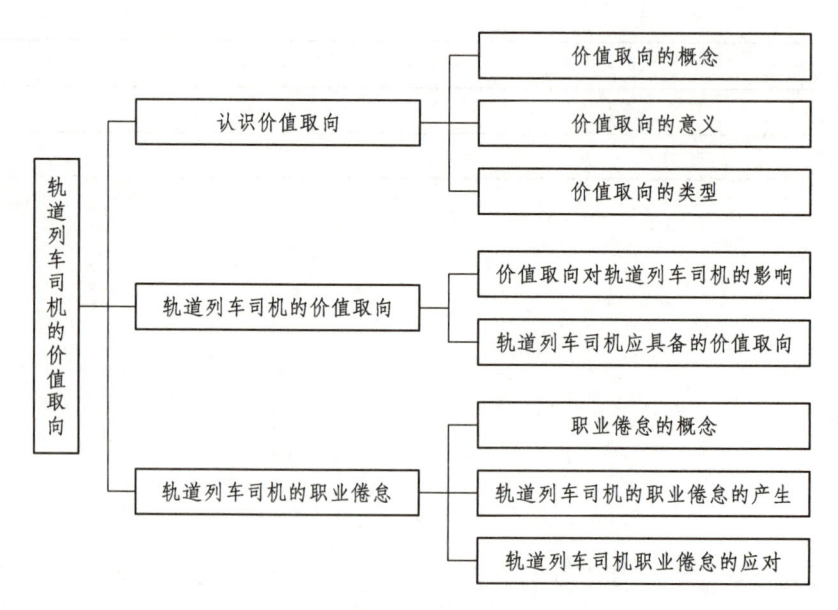

图 4.1　第四章知识框架图

第一节　认识价值取向

（一）价值取向的概念

价值取向是价值哲学的重要范畴，它涉及主体对事物的价值判断、价值选择和价值追求，是主体价值观的具体体现。

价值取向（Value Orientation）指一定主体基于自己的价值观在面对或处理各种矛盾、冲突、关系时所持的基本价值立场、价值态度等。

价值取向在人们的日常生活中有着广泛的应用和体现，它影响着人们的行为和决策。例如，一个人如果认为家庭和睦是最重要的，他就会在行为和决策中努力维护家庭的和谐和稳定；如果他认为社会公德是每个人都应该遵守的，他就会尊重公共秩序和规则，并努力遵守这些规则。

具体来说，价值取向包含以下几个方面的要素。

1. 价值判断

价值判断（Value Judgment）是指某一特定的主体对特定的客体有无价值、有什么价值、有多大价值的判断。更直白地说，就是人们对各种社会现象、问题，往往会做出好与坏或应该与否的判断。由于这种判断与人们的价值观直接发生关系，所以被称为价值判断。

2. 价值选择

价值选择（Value Choice）是个体在对社会价值规范理解、认同的基础上，按照一定的目的，根据自身的内在尺度，自觉地对客体的属性、功能及其对主体可能产生的效果，进行多方面分析、比较、衡量、选择的行为过程，以期用较小的代价取得对主体较大的价值。

3. 价值追求

价值追求（Value Pursuit）是对一定的价值目标的执着向往并努力达到此目标的强烈驱动倾向。它是人们在明确了自己的价值需求和期望后，所采取的一种积极行动和追求过程。

三者当中，价值判断是价值选择的前提和基础，通过价值判断，人们能够识别出事物的价值属性，进而为价值选择和价值追求提供依据；价值选择是价值判断的具体体现和实践过程；而价值追求是价值判断的终极目标和动力源泉，价值判断为人们指明了追求的方向和目标，而价值追求则是实现这些目标和方向的具体行动和过程。

【课堂讨论 4.1】

大学生的价值取向

价值取向对人们的工作、学习和生活等方面都具有重要的指导意义。作为一名大学生,普遍的价值取向是怎样的呢?大学生应该具有什么样的价值取向?

以小组为单位进行讨论,并将讨论结果写于下方。

(1)_____

(2)_____

(3)_____

(二)价值取向的意义

价值取向对人们的工作、学习和生活等方面都具有重要的指导意义。

例如,在职场中,个人的价值取向会影响其工作态度、职业选择和职业发展;在教育领域,学生的价值取向会影响其学习动机、学习方式和学习效果;在人际交往中,人们的价值取向会影响其交往方式、交往对象和交往深度等。

价值取向对人的重要意义具体如下。

1. 指导行为决策

价值取向直接影响人们的行为选择和决策过程。明确的价值取向能够帮助个体在复杂多变的环境中迅速做出判断,减少犹豫和迷茫,使行为更加一致和连贯。这种指导作用不仅体现在日常生活的琐碎决策中,更在职业选择、人生规划等重大决策中发挥着关键作用。

2. 塑造个人品格

长期持有并践行某种价值取向,会逐渐形成个体的道德观念、性格特征和行为习惯。正面的价值取向如诚信、勤奋、善良等,有助于塑造积极向上的个人品格,提升个体的道德素质和社会认可度。这些品格特征不仅使个体在人际交往中更加受欢迎,还为其职业发展和人生成功奠定坚实基础。

3. 推动文化发展

价值取向是文化的重要组成部分,它反映了特定文化群体的信仰、追求和理想。不同文化背景下的价值取向差异,构成了丰富多彩的文化景观。同时,价值取向的演变也推动着文化的传承与创新。通过传承和弘扬正面的价值取向,可以推动文化的繁荣发展,增强民族自信心和凝聚力。

4. 促进社会和谐

当社会成员普遍认同并遵循相似的价值取向时，能够增强社会凝聚力，减少冲突和矛盾。共同的价值取向为社会成员提供了共同的行为准则和评价标准，有助于维护社会秩序和稳定。此外，价值取向还通过影响个体的社会行为和社会责任感，促进社会公正和公平，推动社会整体向更加和谐的方向发展。

【拓展阅读4.1】

刷短视频影响价值观取向

"我家孩子长大以后的理想生活，就是成为一名主播，白天看视频，晚上打游戏。"家住北京市朝阳区的王琼（化名）说。她儿子小杨今年上初三，产生这样的想法源于他在某平台持续关注的"网红"主播。

长大后想成为主播的未成年人不止小杨一人。天津市蓟州区居民胜玉超（化名）的儿子也有同样的"理想"——长大后想当最能吃的游戏主播。

中国社科院社会学研究所副研究员高文珺认为，伴随着互联网技术的日新月异，越来越多的具有参与性和互动性、传播范围广、传播速度快的新媒介融入未成年人的日常生活，成为其接收信息、学习、休闲娱乐、社交的重要途径，这些新媒介的使用可能对青少年的价值观产生影响。

图 4.2　刷视频

根据中国社科院的一项调查显示：频繁看视频或短视频的未成年人，与从不或很少看视频或短视频的未成年人相比，其重视财富成功的比例要高出 12.31 个百分点，重视社会名气的比例高出 4.07 个百分点，重视形象出众的比例高出 16.55 个百分点。

这些结果表明，看短视频的频率可能会影响未成年人对外在价值的重视程度。但值得注意的是，就城乡对比来看，看短视频可能对城市未成年人的价值取向影响更大；就年龄阶段来看，看短视频可能对高年级学生价值取向影响更大。

高文珺认为，短视频、网络游戏等网络媒介，在符合法律法规要求的内容产品的价值输出上可能存在单一化问题，让未成年人更多去注重财富、名气和外表这些外在价值取向，而降低其对个人成长等内在价值的关注度，"因此，要关注如何让网络内容媒介对未成年人的价值取向起到积极的引导作用"。

——引自《法治日报》

（三）价值取向的类型

价值取向的类型多种多样，每种类型都反映了人们不同的价值观和生活态度，以下是一些常见的分类方式及具体类型。

1. 奥尔波特的价值取向分类

美国心理学家戈登·奥尔波特（G. W. Allport）（见图4.3）作为现代个性心理学的创始人之一，对价值取向进行了深入的研究，他将价值取向分为六个基本类型，这些类型反映了人类对于不同生活方面的追求和重视。

奥尔波特的价值取向分类具体如下。

（1）理论型。

理论型价值取向者强调对知识的追求、对真理的探索和对理性的尊重。

图4.3 戈登·奥尔波特

这类人倾向于通过逻辑分析、科学实验和哲学思考来理解和解释世界，强调对知识、学习和理解的追求。

（2）经济型。

经济型价值取向者注重物质利益、经济效益和财务稳定。

这类人往往将经济成功视为生活的主要目标，他们可能更加关注职业发展、收入增长和财富积累。

（3）审美型。

审美型价值取向者强调美感、艺术欣赏和创造力。

这类人通常对艺术、音乐、文学、设计等领域有浓厚的兴趣，他们追求的是美的享受和表达。

（4）社会型。

社会型价值取向者关注社会和谐、公正、公平和人际关系。

这类人通常将社会福祉和公共利益放在首位，他们可能更加关注社会公正、环境保护、人权问题等。

（5）政治型。

政治型价值取向者涉及对政治权力、政治制度、政治信仰和政治行动的看法。

这类人通常对政治问题有浓厚的兴趣，他们可能更加关注政府政策、选举过程、国际关系和公民权利等。

（6）宗教型。

宗教型价值取向者以宗教信仰和宗教价值观为基础。

这类人通常将宗教信仰视为生活的核心，他们可能更加关注宗教教义、宗教仪式、宗教体验和宗教道德等。

需要注意的是，这六类价值取向并不是孤立存在的，它们之间往往存在相互交织和相互影响的关系。一个人的价值取向可能同时包含多种类型的特点，也可能在不同情境下表现出不同的价值取向。

2. 米尔顿·罗克奇的价值取向分类

美国心理学家米尔顿·罗克奇（Milton Rokeach）（见图4.4）在价值取向研究方面做出了重要贡献，于1973年在其《人类价值观的本质》一书中，提出将价值取向分为两大类：终极价值和工具价值。

米尔顿·罗克奇的价值取向分类具体如下。

（1）终极价值。

终极价值（Terminal Values）反映了人们有关最终想要达到目标的信念，即人们认为最终状态是什么样的，是偏好的生活方式或存在的终极状态。

图 4.4　米尔顿·罗克奇

罗克奇通过调查，将终极价值进行了具体分类，分别列出了18个成分，具体见表4.1。

表 4.1　罗克奇的终极价值分类表

价值名称	解释	价值名称	解释
1. 舒适的生活	充足丰富的生活	10. 振奋的生活	新鲜有趣，有活力的生活
2. 快乐	享受和闲暇的生活	11. 平等	所有的人都赋予相同的机会
3. 自由	独立与自由选择	12. 救赎	灵魂被救赎、解脱
4. 健康	身体和心理健康	13. 和谐	没有内在冲突，宁静祥和
5. 自尊	自我尊敬	14. 智慧	对于生命成熟的洞见
6. 家庭安全	照顾我爱的家人	15. 国家安全	国土与家园不被攻击
7. 成就感	持续地有所成就	16. 社会认同	社会的认可与尊敬
8. 真实的友谊	紧密的伙伴关系	17. 成熟的爱	精神和性的亲密无间
9. 世界和平	没有战争和争斗的世界	18. 美丽的世界	自然和艺术的美丽

（2）工具价值。

工具价值（Instrumental Values）反映了人们对实现既定目标手段的看法，即人们认为什么样的行为方式或手段是达到上述终极价值所必需的。

罗克奇通过调查，将工具价值也划分为了18个成分，具体见表4.2。

表 4.2　罗克奇的工具价值分类表

价值名称	解释	价值名称	解释
1. 雄心大志	辛勤工作、奋发向上	10. 心胸开阔	容纳他人想法、意见
2. 能干	有能力、有效率	11. 独立	自力更生、自给自足
3. 乐观	快乐的、积极的	12. 宽容	谅解他人
4. 坚持信念	坚持自己的信仰	13. 自我控制	自律的、约束的
5. 负责的	可靠的	14. 诚实的	真挚、诚实
6. 有想象力	大胆、有创造性	15. 干净的	保持卫生、整洁
7. 聪明的	有知识、善思考	16. 有逻辑性	理性的
8. 有爱的	温情的、温柔的	17. 乐于助人	为他人的福利工作
9. 顺从的	尊重他人的	18. 谦恭的	有礼的、性情好

除了上述两种分类方式外，还存在其他多种价值取向的分类方法，如有研究者将价值划分为实惠型、功名型、传统型、现实型、自私型、奉献型、享乐型和事业型等。

在实际应用中，可以根据具体的研究目的和对象选择合适的分类方式。

请大家在指导老师的带领下完成"章节练习 4.1"中的罗克奇价值取向调查，借此了解自身的价值取向，并通过小组讨论，分析自己与他人在价值取向上的区别，探讨价值取向不同的原因。

第二节　轨道列车司机的价值取向

（一）价值取向对轨道列车司机的影响

价值取向会对轨道列车司机的行车工作产生深远的影响，价值取向是人们在选择行为时所依据的一系列内在标准和信念，它指导着人们的行为决策和行动方式。对于轨道列车司机而言，他们的价值取向直接关系到他们在工作中的态度、行为和决策，进而影响行车安全。

价值取向对轨道列车司机的影响具体如下。

1. 影响工作热情与积极性

正确的价值取向能够激发轨道列车司机的工作热情和积极性。对于轨道列车司机而言，如果他们认同并珍视自己的工作，将其视为一种使命或责任，那么他们的工作热情就会更加高涨。这种热情不仅体现在对工作的投入程度上，还体现在对工作的创新、对挑战的积极应对以及对乘客的关心和服务上。

对轨道列车驾驶工作热爱与感兴趣的司机会对自己的工作充满热情和动力，愿意为之付出更多的努力和时间。这种热爱和兴趣会促使他们在工作中保持积极向上的态度，不断追求卓越的服务质量和驾驶技术。同时，他们也会更加关注乘客的需求和感受，努力为乘客提供更加舒适、便捷的乘车体验。

相反，如果轨道列车司机的价值取向与上述方面相悖，或者他们对工作缺乏认同感和责任感，那么他们的工作热情和积极性就会大打折扣，甚至可能出现消极怠工、违规操作等不良行为，对行车安全和服务质量造成严重影响。

2. 影响安全意识

在轨道列车驾驶过程中，安全是首要任务，直接关系到乘客的生命财产安全和社会的稳定，而安全意识是轨道列车司机必须具备的基本素质。价值取向作为轨道列车司机行为选择的内在驱动力，直接影响着司机在工作中的安全意识和行为。

当轨道列车司机将保障乘客安全视为自己的责任和使命时，他们会更加自觉地遵守安全规程，时刻保持警惕，确保列车运行的安全。这种强烈的责任感和使命感会促使司机在工作中不断学习和提升自己的安全意识和技能水平。

具有正确价值取向的司机会更加重视风险评估和预防工作，他们会主动识别潜在的安全隐患，并采取相应的措施进行预防。这种风险意识和预防能力有助于降低事故发生的概率，提高列车运行的安全性。

相反，如果轨道列车司机的价值取向偏向与上述方面相悖，不将乘客安全视为自己的责任和使命，只关心自己的感受与利益，那在面临危险突发状况时，可能会出现抛弃乘客，保全自身的错误选择，从而危及广大乘客的安全。

3. 影响学习与提升动力

轨道交通行业正处于快速发展和变革之中，新技术、新设备、新标准层出不穷，列车司机需要不断学习新的安全规程、应急处置技能以及新技术应用，以确保在复杂多变的行车环境中能够迅速、准确地做出判断和决策，从而保障行车安全，而价值取向会影响轨道列车司机的学习与提升动力。

对轨道列车驾驶工作充满热爱和兴趣的司机，会更容易保持学习的热情和动力。他们会在工作中寻找乐趣和成就感，从而更加积极地投入到学习和提升中去。

如果司机将个人成就和成长视为重要的价值取向，他们在职业生涯中会不断追求进步和突破。这种追求会促使他们不断学习新知识、接受新挑战，以实现自我提升和职业发展。

相反，如果轨道列车司机的价值取向与上述方面相悖，他们对驾驶工作没有热爱与兴趣，对未来的成就失去追求，那么在面对层出不穷的新知识、新技能时，只会产生厌烦与懈怠，丧失学习与成长的动力。

4. 影响职业道德水平

职业道德是轨道列车司机必须遵守的基本准则，如果列车司机具备高尚的职业道德，他们就会坚守职业操守、拒绝违规操作、保护乘客利益。然而，列车司机的职业道德受到其价值取向的引导和制约。

价值取向作为个体内心的价值标准和行为导向，会引导轨道列车司机在职业道德方面做出正确的选择和判断。当司机面临职业道德困境时，他们的价值取向会成为他们行动的重要参考依据。正确的价值取向会引导其严格遵守职业道德规范，尽心尽责地完成每一次驾驶任务，激励他们不断提升自己的专业技能和服务水平。

同时，正确的价值取向会对司机的行为产生一定的约束作用，防止他们做出违反职业道德的行为。例如，当司机面临个人利益与职业道德的冲突时，他们会根据自己的价值取向来权衡利弊，选择符合职业道德规范的行为方式。

相反，如果列车司机的价值取向中缺乏了责任感与使命感，就可能会为了个人利益而损害乘客利益、危及行车安全。

（二）轨道列车司机应具备的价值取向

轨道列车司机作为交通运输行业中至关重要的一环，其工作直接关系到乘客的生命安全、列车的正常运行以及社会的和谐稳定。为了保证轨道列车司机良好的工作态度与行为，其应当具备积极正面的价值取向，如此才能确保行车安全。

轨道列车司机应具备的价值取向如下。

1. 安全第一

对于轨道列车司机而言，应当将安全视为至高无上的原则，这是他们最基本、最核心的价值取向。

在任何情况下，安全都是轨道列车司机首要考虑的因素，列车司机应时刻将乘客和列车的安全放在首位，严格遵守安全操作规程，确保行车过程中的每一个环节都符合安全标准。他们应具备高度的安全意识和风险防范能力，能够及时发现并妥善处理潜在的安全隐患。

这种价值取向促使轨道列车司机在行车过程中严格遵守安全操作规程，不放过任何一个细节，确保列车运行的安全稳定。在面对紧急情况时，列

图 4.5　安全检查

车司机能够迅速做出正确的判断和决策，以保障乘客的安全为首要目标。

安全是城市轨道的"生命线"，安全行车关乎千万乘客的生命财产，是列车司机的第一要务。让每一趟列车安全出发，每一名乘客平安抵达，是轨道交通列车司机不变的初心。

2. 责任担当

轨道列车司机应当具备强烈的责任感，他们需要对自己的工作负责，对乘客的安全负责，对社会的和谐稳定负责。

轨道列车司机的工作不仅关乎个人职业前途，更关乎乘客的生命安全和社会稳定。他们需要明白自己的工作直接关系到列车的正常运行和乘客的安全。因此，他们要认真对待每一次行车任务，不放过任何一个细节，确保每一个环节都万无一失。

同时，轨道列车司机也应当为自己的工作失误承担责任，并努力改正错误，避免类似问题再次发生。在面对困难和挑战时，他们要勇于担当，积极寻求解决方案，确保列车的正常运行。

3. 爱岗敬业

轨道列车司机应当对自己的工作岗位充满热爱，以高度的责任感和使命感去履行职责，不断追求工作技能的提升和工作成效的优化。

爱岗敬业的价值取向对于轨道列车司机而言，不仅是职业道德的基本要求，也是其职业生涯中不可或缺的精神支柱。轨道列车司机应对驾驶轨道列车这一职业充满热情，视之为实现个人价值和社会贡献的重要途径，如此才能够在工作当中获得更多的成就感和满足感，进而增强职业荣誉感，促进个人职业生涯的健康发展。

同时，轨道列车司机的爱岗敬业精神能够促使他们严格遵守操作规程，时刻牢记自己肩负的责任，确保列车安全、准点、舒适地运行，对乘客的生命财产安全负责。此外，爱岗敬业的价值取向会促使其不断学习和掌握新技术、新知识，提升驾驶技能和应急处理能力，如此才能够应对复杂的行车环境和突发的紧急情况，及时采取正确的操作措施，避免事故的发生。

4. 令行禁止

轨道列车司机应具有严明的纪律性与高效的执行力，服从行车调度、乘务中心以及其他授权部门的各项指令和现场指挥，严格按照规章要求予以执行。

轨道列车司机作为轨道交通系统中的关键执行者，其每一次操作都需要符合规章或指令的要求，不得出现丝毫差错。在接收到调度中心或其他相关部门的指令后，轨道列车司机需要迅速、准确地执行，确保列车按照计划运行。在没有获得明确指令或规定的情况下，轨道列车司机不应擅自改变列车的运行状态或进行其他可能影响列车安全或运行秩序的行为。确保列车运行的安全、有序和高效，对于保障乘客安全、减少轨道交通事故损失具有重要意义。

5. 团结协作

轨道列车司机应当与其他同事保持密切协作，共同应对各种挑战和困难。

轨道列车司机的工作不是孤立的，而是需要与其他同事密切协作，他们应与调度员、信号员、车辆维修人员等保持紧密的沟通与合作，共同应对各种突发情况和挑战。在团队中，他们应相互支持、相互帮助，共同为列车的安全运行努力。

团结协作不仅体现在日常工作中，在紧急情况下显得尤为重要。当列车发生故障或遇到其他突发情况时，司机之间的紧密配合和快速响应能够最大限度地减少事故损失，保障乘客安全。

此外，团结协作能够增强团队成员之间的信任和默契，形成积极向上的工作氛围。这种氛围有助于激发成员的工作热情和创造力，推动团队不断向前发展。在行车过程中，司机之间保持紧密的沟通和协作，才能共同确保列车的安全运行。

【拓展阅读 4.2】

"最美地铁线"的"最美驾驶员"

"手柄轻四两，责任重千斤……"每次走进地铁列车驾驶室，落座之前，李明总会在心里默念两遍他的驾驶信条。作为青岛地铁 3 号线开通后的首批电客车驾驶员，过去 6 年时间里，正是在这种信念的加持下，李明驾驶地铁列车安全行驶 12 万千米，不仅见证了 3 号线 1500 多个日夜的安全运营，也见证了青岛地铁线网的从无到有。

李明告诉记者，地铁列车司机每天重复着相同的动作，每到一个站点，打开车门、下车检查车门是否全部开启、观察乘客上下车情况、进入列车关门、查看信号灯、检查车门是否全部关闭、按动发车按钮……每个动作都有配套的"手指口呼"。一天下来，要喊 2400 多次标准化作业口令。

图 4.6 轨道列车司机

即使枯燥，李明还是认真对待每一次驾驶。他始终认为，"简单的事情重复做，你就是专家；重复的事情用心做，你就是赢家；一个人最好的状态就是在时间的历练下不断长成新的模样"。

在青岛地铁 3 号线开通前，李明作为首批电客车司机前往北京地铁进行了为期 10 个月的培训。李明和同事们接触的车辆知识、信号知识都是北京标准，回到青岛后，大家要重新学习。还有上万字的行车规范，李明都要牢记在心。据李明回忆，开通当天他兴奋得失眠了，凌晨三点就起床做准备。那天，当李明驾驶着列车驶进青岛北站时，他看到数以百计的市民站在站台上翘首以待。从他们的眼神中，李明看出了他们的喜悦与期待。李明说："那一刻，我觉得之前的全部付出都值得了！"

在山东省一项评选活动中，李明荣获"2020年度山东省城市公共交通运输行业'最美驾驶员'"称号，为青岛这座美丽的海滨城市增添色彩。这份沉甸甸的荣誉，无疑是对他这些年扎实肯干、勤勤恳恳的敬业精神的最好褒奖。

——引自青岛故事

第三节　轨道列车司机的职业倦怠

（一）职业倦怠的概念

职业倦怠这一概念最早由美国心理学家赫伯特·弗洛伊登伯格（Herbert Freudenberger）于1974年提出，他当时认为职业倦怠是一种最容易在行业中出现的情绪性耗竭的症状。

随后，克里斯蒂娜·马斯拉奇（Christina Maslach）等人进一步将这一概念发展为对工作上长期的情绪及人际应激源做出反应而产生的心理综合征。

职业倦怠（Job Burnout）是一种由于长期的工作压力、缺乏成就感、人际关系紧张等多种因素导致的身心疲劳与耗竭的状态。

图 4.7　职业倦怠

职业倦怠不仅影响个人的身心健康，还可能对工作效率、团队氛围以及职业发展产生负面影响，具体来说，职业倦怠的表现主要包括以下几个方面。

（1）情感耗竭。

个体感到情绪资源被过度消耗，无法再像过去那样对工作充满热情和活力，经常感到疲惫不堪。

（2）去人格化。

个体在工作中的态度变得冷漠和疏远，对同事、客户或工作对象缺乏同理心和耐心，甚至可能采取忽视或敷衍的态度。

（3）个人成就感降低。

个体对自己工作的价值和意义产生怀疑，不再感到自己的工作能够带来满足感和成就感，对工作失去兴趣和动力，出现离职或转行的想法。

（二）轨道列车司机职业倦怠的产生

职业倦怠是一个广泛存在的问题，它不仅仅局限于某个特定行业或职业，而是广泛存在于各个工作领域中。不论是传统行业还是新兴行业，无论是体力劳动还是脑力劳动，职业倦怠都可能发生，从教师、医护工作者到IT从业者、销售人员，不同职业背景的人群都可能面临职业倦怠的挑战。

轨道列车司机作为一项要求严格、责任重大的职业，其工作人员也面临着职业倦怠的困扰，其产生原因大致如下。

1. 工作压力过大

持续的工作压力是职业倦怠的主要诱因之一，这包括过长的工作时间、紧张的工作节奏、繁重的工作任务以及严格的工作要求，这些都可能使员工感到身心疲惫。

轨道列车司机的工作涉及乘客的安全和列车的正常运行，责任重大，需要长时间保持高度集中的精神状态，特别是在高峰时段，行车间隔被压缩，列车司机需要保持高度的精神集中，长时间处于紧张状态。

此外，地铁线路单程运行时间较长，而休息时间相对较短，尤其是在早晚高峰时段，两端终点站的休息时间甚至可能不足7分钟，这种高强度的工作节奏容易导致司机产生疲惫感，导致司机产生职业倦怠。

2. 工作内容单调重复

如果工作内容缺乏变化，长时间重复相同的工作任务，员工可能会感到枯燥乏味，缺乏工作热情和动力，从而产生职业倦怠。

轨道列车司机的工作内容相对固定，主要包括驾驶列车、监控设备、确保行车安全等。轨道列车司机每天都需要按照既定的路线行驶，从起点到终点，再从终点返回起点，这种重复性的路线行驶容易让司机产生枯燥感。部分列车司机渴望在工作中找到一些新的挑战，希望自己有所成长与变化，但当前的工作无法满足这些需求，致使其逐渐失去对工作的热情和动力。

此外，列车司机在工作时往往处于相对封闭的环境中，与乘客和同事的互动有限，这种缺乏社会互动和支持的工作环境可能导致司机感到孤独和失落，也增加了职业倦怠的风险。

3. 缺乏职业发展和晋升机会

如果员工感到自己的职业发展受到限制，没有明确的晋升通道和机会，他们可能会对自己的职业前景感到迷茫和失望，进而产生职业倦怠。

轨道列车司机虽然是一个重要的职业，但他们也可能面临职业发展受阻的问题。轨道交通企业作为国有大型企业，其员工的数量规模庞大，职业晋升管理制度相对严格，员工每一次职业晋升都有着严格的要求与考验，这对于部分技术能力不足、工作表现不够突出的列车司机来说，会面临晋升机会较少的困境。缺乏晋升机会和职业发展路径可能导致列车司机对自己的职业前景感到迷茫和失望。

4. 价值取向与职业不匹配

如果员工的价值取向与所从事职业要求的价值取向差异较大，员工就可能对自己的职业选择产生怀疑，觉得当前的工作与自己的兴趣、价值观或职业目标不匹配，从而产生职业倦怠。

有些司机可能原本对轨道列车驾驶并不感兴趣，但由于各种原因选择了这份职业，随着时间的推移，他们可能越来越发现这份工作与自己的兴趣相去甚远。

有些司机可能对轨道列车司机这一职业抱有过高的期望，认为它应该充满挑战和刺激。然而，实际工作中可能更多的是单调重复和严格的操作规程，这种现实与期望的差距也可能导致价值取向与职业的不匹配。

【拓展阅读 4.3】

地铁司机：职业倦怠的产生

稳定，是地铁司机这份工作给人的第一印象，由于司机们能够进入地铁这样的大型国有企业工作，这个岗位甚至被称为"铁饭碗"，为"稳定"而来，成为地铁司机绕不开的缘由。

在入行前，司机们往往对这份职业抱有憧憬，但每天面对着黑暗的隧道、机械的任务，长期工作下来，司机们不适的感觉也渐渐浮出了水面。大昀在独自驾驶了一年后，突然有一天就觉得："这是一份特别枯燥，而且让人感觉到很压抑的工作。"

仅有四至五平米的驾驶室，便是大昀的工位。每天上班的时候，开地下线的大昀要坐在狭小的工位上，孤身一人面对着幽暗的隧道，"车开起来就是一盏一盏灯，从眼前划过"。列车开动，扬起地下细小的碳粉和铁屑，车轮轨道带起的噪声在耳边不停地响，隧道幽深的黑暗和指示灯在视野里倒退又循环着，好像怎么开都看不到尽头。

图 4.8　轨道列车司机

每趟车开完，司机可以在休息室内休息，但在休息室里，能接触到的也就是固定的前后趟的司机，"你永远只能见到同样的那几个人"。渐渐地，大昀感受到自己的社交圈子也"就是这样子了"。一成不变的工作，逐渐固化的社交圈子，独特的休息制度形成一层无形的膜，慢慢笼罩在地铁司机的生活中，隔绝着他们与周围的世界。

日复一日地驾驶着地铁，面对着同样的隧道，重复着机械性的工作，这份工作让他感觉没有任何突破和成长。渐渐地，厌倦的感觉袭来，大昀意识到，稳定的铁饭碗也并非完美。无数次在隧道里穿梭而过，大昀决定辞去这份"铁饭碗"。

憧憬与向往落下帷幕后，枯燥单调才是地铁司机工作的常态。岁月跟列车一同呼啸而过，磨去了他们青涩而稚嫩的棱角，留下的是成熟与冷静。

——引自《澎湃新闻·澎湃号·湃客》

以小组为单位进行讨论，大昀的职业倦怠是如何产生的？

（1）＿＿＿＿＿＿＿＿＿＿＿＿＿＿＿＿＿＿＿＿＿＿＿＿＿＿＿＿＿＿＿

（2）＿＿＿＿＿＿＿＿＿＿＿＿＿＿＿＿＿＿＿＿＿＿＿＿＿＿＿＿＿＿＿

（3）＿＿＿＿＿＿＿＿＿＿＿＿＿＿＿＿＿＿＿＿＿＿＿＿＿＿＿＿＿＿＿

（三）轨道列车司机职业倦怠的应对

职业倦怠是广泛存在的问题，对个人和组织都带来了不可忽视的影响。为了缓解这一现象，需要关注列车司机的心理健康和工作体验，提供必要的支持和帮助，以维持他们的职业热情和满意度。

具体的职业倦怠应对措施如下。

1. 优化排班制度

排班制度直接关系到列车司机的工作时间、休息时间和工作强度，不合理的排班制度往往会导致司机长时间连续工作、休息时间不足以及工作与生活平衡失调，从而增加职业倦怠的风险。

实行弹性工作制度，给予列车司机一定的自主权，让他们能够更好地平衡工作和生活。采用四班三运转、夜中早休等模式，尽量缩短交路时长，难易结合，避免列车司机长时间处于紧张工作状态。班表上出勤时间、地点尽量不固定，根据夜班和中班的工时情况灵活调整早班的交路，确保司机的工作强度相对均衡。

合理安排列车司机的出、退勤时间和地点，尽量减少对列车司机个人生活的影响。在排班时考虑

图 4.9　合理排班

司机的年龄、身体状况、工作经验等因素，为不同年龄和经验的列车司机安排合适的工作时间和任务。允许列车司机根据自身情况提出合理的排班请求，并在可能的情况下予以满足。

2. 加强心理健康支持

心理健康支持是帮助个体应对工作压力、维护心理健康的重要手段。对于轨道列车司机而言，由于工作环境的特殊性和工作压力的持续性，加强心理支持显得尤为重要。这不仅可以帮助列车司机更好地应对工作中的挑战，还能有效缓解职业倦怠，提升工作满意度和生活质量。

轨道企业可以为列车司机提供心理健康咨询和辅导服务，帮助司机缓解心理压力和负面情绪，帮助他们解决工作中的心理困扰和问题。企业中需设立心理咨询热线或面对面咨询，确保列车司机在需要时能够及时获得帮助。

轨道企业可通过组织团队建设活动和心理拓展训练，增强列车司机的归属感和团队凝聚力。在轨道交通企业内部营造关注员工心理健康的文化氛围，鼓励列车司机之间互相支持、分享经验，共同应对职业倦怠。

3. 提供培训和发展机会

提供晋升机会和职业发展路径规划，可以激发员工的工作积极性和职业认同感，提升其对工作中消极情绪与负面能量的抵御能力。

轨道企业可以为列车司机提供明确的职业发展路径和晋升机会，让他们看到自己在企业中的未来，从而更加积极地投入工作。同时，鼓励员工学习与轨道交通相关的其他领域知识，如信号系统、运营管理等，也可以拓宽他们的职业视野，增加工作的多样性和挑战性。

加强列车司机的岗位培训和技能提升，帮助他们不断提高自己的专业素养和综合能力。对于轨道列车司机来说，定期的驾驶技术、车辆维护、应急处理等方面的培训，不仅可以帮助他们更好地应对日常工作中的挑战，还能增强他们的工作自信心和成就感。当员工感到自己在不断进步和成长时，职业倦怠的感觉自然会减轻。

4. 建立激励机制

合理的激励机制是吸引、留住和激励员工的关键因素之一，对于员工而言，一个合理的激励机制不仅关乎他们的物质利益，更与他们的职业发展、工作满意度和整体幸福感紧密相连。

轨道企业可以通过设计具有竞争力的薪酬体系，确保列车司机的付出与回报相匹配。并根据工作表现、技能水平等因素进行差异化薪酬分配，激励列车司机不断提升自己，激发列车司机的工作积极性和创造力。

建立科学的绩效评估体系，定期对列车司机的工作表现进行评估，根据评估结果给予相应的绩效奖励，如奖金、表彰等。对表现优秀的列车司机给予公开表彰和认可，增强他们的荣誉感和归属感，树立榜样和标杆效应。

【章节练习 4.1】

罗克奇价值取向调查

表 4.3 为米尔顿·罗克奇的价值取向调查表，也称为罗克奇价值观调查表，用于测试自身的价值取向。

这个调查量表包括两组项目：终极价值与工具价值，请先仔细阅读两个项目的描述，并分别对两种价值取向按照重要性进行排序。

如果你觉得哪一项是最重要的，就在排序栏填"1"，次重要的填"2"，以此类推。如对描述不清楚的，可以在本章第一节"米尔顿·罗克奇的价值取向分类"处查看详细介绍。

表 4.3 罗克奇价值取向调查表

终极价值	排序	工具价值	排序
舒适的生活		雄心大志	
快乐		能干	
自由		乐观	
健康		坚持信念	
自尊		负责的	
家庭安全		有想象力	
成就感		聪明的	
真实的友谊		有爱的	
世界和平		顺从的	
振奋的生活		心胸开阔	
平等		独立	
救赎		宽容	
和谐		自我控制	
智慧		诚实的	
国家安全		干净的	
社会认同		有逻辑性	
成熟的爱		乐于助人	
美丽的世界		谦恭的	

请找出自己排名前 5 项的价值取向，并以小组为单位进行讨论，看看各自的价值取向有何区别，并想一想原因是什么。

第五章　轨道列车司机的个性特质

【知识目标】

◇ 了解个性的概念、构成以及分类
◇ 理解个性特质的概念、类型
◇ 掌握轨道列车司机应具备的个性特质
◇ 理解个性测试的概念及方法

【能力目标】

◇ 能对自我个性进行分析
◇ 能正确使用个性测试量表

【关键概念】

◇ 个性、个性分类、个性特质、个性测试

【知识框架】

```
                                    ┌── 个性的概念
                    ┌── 认识个性 ────┼── 个性的构成
                    │               └── 个性的分类
                    │
轨道列车司机        │                       ┌── 个性特质的概念
的个性特质 ─────────┼── 轨道列车司机的个性特质┼── 个性特质的类型
                    │                       └── 轨道列车司机应具备的个性特质
                    │
                    │                       ┌── 个性测试的概念
                    └── 轨道列车司机的个性测试┼── 常用的个性测试量表
                                            └── 轨道列车司机的个性测试
```

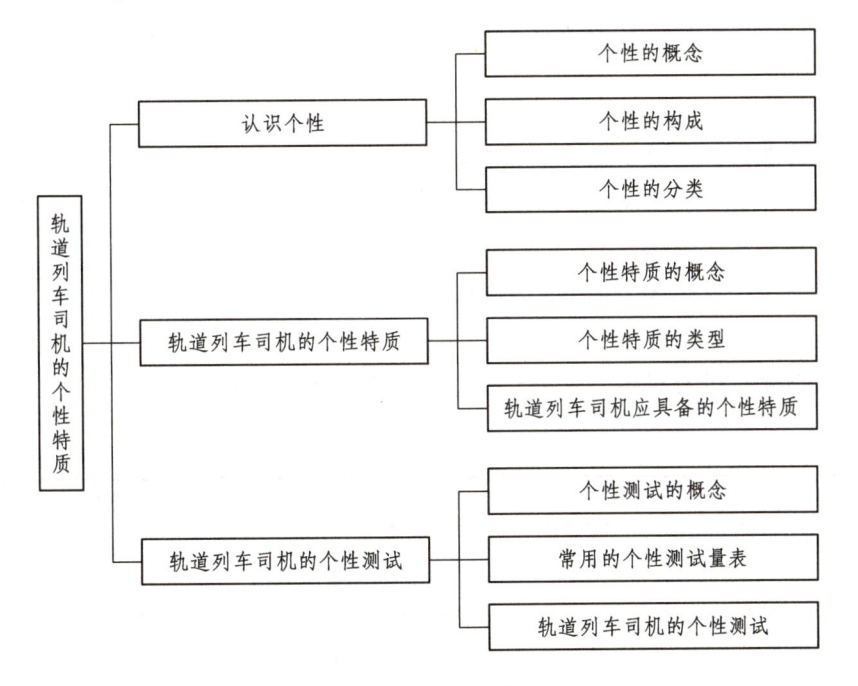

图 5.1　第五章知识框架图

第一节 认识个性

(一) 个性的概念

"个性"一词最初来源于拉丁语"Personal",原指演员所戴的"面具",代表剧中人的身份。后来,这个词逐渐引申为人物、角色及其内心的特征或心理面貌,用来描述一个具有特殊性格的人。

我国《心理学大词典》(第1版)对个性的定义如下:

个性(Personality)也可称人格,指一个人的整个精神面貌,即具有一定倾向性的心理特征的总和。

个性表现于外就是个人的言语方式、行为方式和情感方式等,任何人都是有个性的,也只能是一种个性化的存在,个性化是人的存在方式。

个性对人的影响是深远且多方面的,个性不仅塑造了我们的行为方式、思考模式,还决定了我们如何与他人互动。例如,开朗、友善的个性更容易吸引朋友和伙伴,而内向、谨慎的个性则可能更注重与少数亲密的人建立深入关系。同时,个性也影响我们的沟通风格和冲突处理方式,进而影响人际关系的和谐与稳定。

【课堂讨论 5.1】

个性的形成

个性的形成是一个复杂且多方面的过程,它受到遗传、环境、社会交往以及个体的自我意识和经验等方面的影响。其中,先天遗传因素与后天环境因素对个性的形成都有很大的影响。

想一想自己个性的形成过程,哪些方面受到了先天遗传因素和后天环境因素的影响。

以小组为单位进行讨论,并将讨论结果写于表 5.1 当中。

表 5.1 个性形成分析表

影响因素	影响哪些个性的形成	具体表现
先天遗传		
后天环境		

(二)个性的构成

从构成方式上讲,个性其实是一个系统,由三个部分组成,如图 5.2 所示。

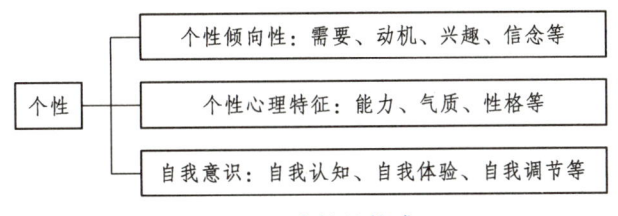

```
         ┌─ 个性倾向性:需要、动机、兴趣、信念等
个性 ────┼─ 个性心理特征:能力、气质、性格等
         └─ 自我意识:自我认知、自我体验、自我调节等
```

图 5.2　个性的构成

1. 个体倾向性

个性倾向性(Personality Tendencies)是推动人进行活动的动力系统,是个体在心理活动中表现出的独特而稳定的倾向和趋势。

个性倾向性决定着人认识周围世界的选择和趋向,决定了人追求什么。个性倾向性包括需要、动机、兴趣、爱好、态度、理想、信仰和价值观等心理成分,这些心理成分共同反映了个体对于自身和周围环境的看法和态度,决定了个体在面临不同情境时的反应和行为模式。

例如,个体的需要和动机是推动其行动的内部动力,兴趣和爱好则影响着个体在特定领域内的投入和专注程度,而态度和价值观则决定了个体对于事物的评价和选择。

2. 个性心理特征

个性心理特征(Personal Psychological Traits)是一个人身上经常表现出来的本质的、稳定的心理特点,主要包括能力、气质和性格等。

(1)能力。

能力(Ability)是人在生理、心理发育成熟后,从事某种活动所表现出来的潜在可能性上的特征,包括智力、才能、技艺等多个方面。

(2)气质。

气质(Temperament)是个体在心理活动的强度、速度、灵活性与指向性等方面的一种稳定的心理特征。

(3)性格。

性格(Character)是一个人对现实的稳定的态度,以及与这种态度相应的,习惯化了的行为方式中表现出来的人格特征。

气质与性格都是个体的心理特征,两者相互关联,又有所区别:

气质更多地受个体高级神经活动类型的制约,主要是先天形成的,无好坏之分。它主要受先天因素的影响,但也受到环境、教育等后天因素的调节。

性格则更多受社会生活条件的影响,是后天在社会环境中逐渐形成的。性格具有好坏之分，在社会评价上有明显的差异。性格的可塑性较大，环境对性格的塑造作用较为明显。

【拓展阅读 5.1】

性格可以改变吗？

俗话说，江山易改，本性难移。性格是自身天赋的基因加上后天经历所形成的稳定人格特征，是一个人很难跳出的舒适圈，那么性格可以改变吗？

虽然很难，但答案却是肯定的。

从童年到老年的过程中，人的性格不是一成不变的。一个非常普遍的例子是，大多数人会在青春期经历自尊下降，而在青春期之后，他们的自尊水平趋向于升高。

在一份新工作中，一个人可能会因为守时和努力完成任务而受到嘉奖，这会促使他产生改变；处于一段新的人际关系或家庭角色中，也可能影响性格特征。随着时间的推移，人们似乎也会变得更成熟，或者更适应社会。

2000年，美国《心理学通报》月刊上发表了一项研究，研究人员分析了152项有关性格的纵向研究的结果，发现个人的性格特质在生命的每个十年中倾向于保持一致，但这些十年会产生累积效应。美国伊利诺伊大学的心理学家布伦特·罗伯茨说，在这么多年里，我们的性格依然会不断改变，但速度很慢。他还说："这是十分微妙的变化。"在5～10年的这个尺度上，你不会注意到这种变化，但在很长时期后，变化就会变得明显。

研究还表明，随着时间流逝，性格倾向于变得"更好"，心理学家称之为"成熟原则"。当人们年龄增长，他们会变得更加外向，情绪更稳定，更易相处，且更有责任心。从长期看，这些变化往往会很明显。

想一想：你能感受到自己性格的变化吗？如果有，将自己近年来的性格变化写下来吧。

（1）_____
（2）_____
（3）_____

3. 自我意识

自我意识（Self-Awareness）是个体对自己存在、身份、思想和情感的认知和体验，包括自我认知、自我体验以及自我调节等方面。

（1）自我认知。

自我认知（Self-Cognition）是个体对自己的了解和认知，涵盖了对自己身体、外貌、性格、智力、情绪等方面的认识，以及对自我外表、能力、行为等方面社会价值的评估。它是自我意识的认知成分，也是首要成分。

（2）自我体验。

自我体验（Self-Experience）属于情绪范畴，是个体在自我认知基础上产生的情感体验，以自尊、自爱、自信、自卑、自怜、自弃、自持、自傲、责任感、义务感、优越感等表现出来。它是个体对自己的态度，主要是一种自我的感受，以情绪体验的形式表现出人对自己的态度。

（3）自我调节。

自我调节（Self-Regulation）是自我意识的意志成分，涉及个体如何基于自我认知和自我体验来调整和控制自己的行为和态度。它使个体能够根据自我认知的结果和情感体验，来有意识地调节自己的行为，实现自我控制和自我管理。

（三）个性的分类

个性是一个复杂且多维的概念，其分类也可以从多个角度进行，以下是一些常见的个性分类方式。

1. 按气质"体液说"分类

古希腊医生和学者希波克拉底（约公元前460—前377年）最先提出气质类型理论"体液说"（Humoral Theory），他认为人体内有四种不同的体液，即血液、黏液、黄胆汁和黑胆汁，这四种体液在人体内保持一定的平衡，并认为不同体液在人体内的混合比例决定了人的气质类型（见图5.3）。

血液占主导的人属于多血质，黏液占主导的人属于黏液质，黄胆汁占主导的人属于胆汁质，黑胆汁占主导的人属于抑郁质。

图5.3 体液说

进入现代之后，俄国著名的生理学家、心理学家巴甫洛夫基于高级神经活动的特性划分了四种高级神经活动类型，并与希波克拉底的气质类型进行了对应，具体如表5.2所示。

表 5.2　现代气质分类

气质类型	高级神经活动类型	神经过程的特性	倾向性
多血质	活泼型	强、平衡、灵活	外倾
黏液质	安静型	强、平衡、不灵活	内倾
胆汁质	兴奋型	强、不平衡	外倾
抑郁质	抑制型	弱	内倾

这四类气质的特征如下。

（1）多血质。

多血质（Sanguine Temperament）属于神经活动强而平衡、灵活的活泼型，他们容易适应环境，具有较强的适应能力和变通性。

多血质的人热情、活泼好动，善于交际，适应能力强。他们思维敏捷，容易接受新鲜事物，但情绪容易产生也容易变化和消失，可能显得不够稳定。

（2）黏液质。

黏液质（Phlegmatic Temperament）属于神经活动强而平衡、不灵活的安静型，他们通常表现出较高的自我控制能力和稳定性。

黏液质的人稳重，考虑问题全面，安静、沉默，善于克制自己，并善于忍耐。他们往往在工作中表现出坚持和稳健的特点，但可能缺乏灵活性和创新性。

（3）胆汁质。

胆汁质（Choleric Temperament）属于神经活动强而不平衡的兴奋型，他们通常表现出较高的活力和决断力，但也可能因冲动而做出错误的决策。

胆汁质的人情绪兴奋性高，性情直率，精力旺盛，能以很高的热情埋头事业。然而，当他们的精力耗尽时，情绪可能一落千丈。他们通常反应迅速，但可能缺乏深思熟虑。

（4）抑郁质。

抑郁质（Melancholic Temperament）属于神经活动较弱的抑制型，他们可能表现出内向、孤僻、行动迟缓，情感体验深刻且持久等特点。

抑郁质的人通常孤独、反应迟缓，多愁善感。他们的情绪体验深刻且持久，通常具有高度的敏感性和深刻的思考力，但可能过于敏感和容易受到外界的影响。

需要注意的是，这些气质类型并非绝对，每个人的气质可能是一种或多种类型的混合。

【课堂讨论 5.2】

哪种气质更适合司机这个职业？

从以上分析可知，不同气质类型的列车司机各有其优势与劣势，那么大家想一想，哪一种气质类型的人更加适合成为轨道列车司机？为什么？

请将讨论结果写于下方。

（1）_____

（2）_____

（3）_____

2. 按荣格的心理类型分类

1921 年，瑞士心理学家卡尔·古斯塔夫·荣格（Carl Gustav Jung）在其《心理类型学》一书中提出心理类型理论，他指出个性的划分包括心理活动倾向类型和机能类型两个方面。

（1）根据心理活动倾向划分。

根据心理活动倾向不同，荣格将人的性格分为两个类型：外倾型与内倾型。

① 外倾型。

外倾型（外向型）的人更注重外部世界，喜欢与人互动，对外部刺激更敏感。他们通过与他人交流和参与外部活动来获取能量，并且倾向于表达自己的思想和情感。

图 5.4　卡尔·古斯塔夫·荣格

② 内倾型。

内倾型（内向型）的人更注重内部世界，喜欢独立思考，对内部心理活动更敏感。他们通过内省和个人思考来获取能量，并且倾向于保留自己的思想和情感。

（2）根据机能类型划分。

荣格指出个人的心理活动有四种心理机能：感觉、思维、情感和直觉。

其中，感觉告诉我们存在着某种东西；思维告诉我们它是什么；情感告诉我们它是否令人满意；而直觉则告诉我们它来自何方和向何处去。

结合上述两种基本心理活动倾向和四种机能类型，荣格将人的性格又细化为了八种类型：外倾思维型、内倾思维型、外倾情感型、内倾情感型、外倾感觉型、内倾感觉型、外倾直觉型、内倾直觉型。

个性的分类方式多种多样，每种分类方式都有其独特的视角和侧重点，除了以上分类方式以外，还可以根据个体的独立性，将个性分为独立型与顺从型；根据处理人际关系的习惯性倾向，将个性分为分析型、主导型、温和型和表达型等。在实际应用中，可以根据需要选择合适的分类方式来理解和分析个性。

第二节 轨道列车司机的个性特质

（一）个性特质的概念

个性特质（Personality Traits）也称为人格特质，是个体在行为、情感、思维等方面所表现出的相对持久且稳定的特征或倾向。

个性特质是心理学研究的重要领域之一，它关注于个体之间的差异性以及这些差异如何影响个体的行为和心理状态。通过识别和分析个性特质，心理学家可以更好地理解个体的行为动机、情感反应和人际交往方式，进而为心理咨询、教育指导、职业发展等方面提供有益的参考。

例如，在心理咨询和辅导中，了解个体的个性特质有助于咨询师更好地理解和帮助个体解决心理问题；在人力资源管理中，评估员工的个性特质有助于领导者更好地了解员工的特点和需求，从而做出更为合理的工作安排和人员配置；在教育领域中，了解学生的个性特质有助于教师更好地因材施教，促进学生的全面发展。

（二）个性特质的类型

为了便于分析和确定人的个性，心理学家们试图从形形色色的特质中概括出共同的特质，加以鉴别归类。

早期的一项研究鉴别出 17593 种个性特质，在预测行为时要考虑如此众多的特质，显然是不可能的。为此，心理学家通过大量的筛选，概括出了不同类型的个性特质类型。

1. 卡特尔人格特质分类

1973 年，美国心理学家雷蒙德·卡特尔（Raymond Cattell）从大量调查中分离出 171 个特质，并在此基础上概括出 16 种相互独立的根源特质，这些特质代表了不同的人格维度，每个维度都对应着个体在特定方面的心理和行为特征，具体如下。

（1）乐群性：反映个体是否热情、乐于与人交往。

图 5.5 雷蒙德·卡特尔

（2）聪慧性：反映个体的智力水平和学习能力。

（3）稳定性：反映个体的情绪稳定性和心理承受能力。

（4）恃强性：反映个体是否具有支配性、领导力和影响力。

（5）兴奋性：反映个体的活跃程度和外向性。

（6）有恒性：反映个体是否具有恒心和毅力。

（7）敢为性：反映个体在社交场合中的勇敢和自信程度。

（8）敏感性：反映个体的敏感性和情感体验的深度。

（9）怀疑性：反映个体对他人和环境的信任程度。

（10）幻想性：反映个体的想象力和创造力。

（11）世故性：反映个体是否圆滑、世故，能否适应复杂的社会环境。

（12）忧虑性：反映个体的忧虑和担忧程度。

（13）实验性：反映个体对新事物、新观念的接受程度和变革意愿。

（14）独立性：反映个体在思考和行动上的独立性。

（15）自律性：反映个体在自我管理和约束方面的能力。

（16）紧张性：反映个体在面对压力和挑战时的紧张程度。

卡特尔认为每个人身上都具备这16种特质，只是不同人身上的表现有程度上的差异，并基于此项理论编制了"卡特尔16种人格因素测验"（16PF）。

2. 大五人格特质分类

20世纪80年代，美国心理学家保罗·考斯塔（Paul Costa）和罗伯特·马克雷（Robert McCrae）提出了人格五因素模式，具体包括神经质、外向性、开放性、宜人性、尽责性五种特质，故而被称为"大五人格"。

这五个特质的首字母构成了"OCEAN"一词，代表了"人格的海洋"，后来此理论逐渐成为描述个体个性特质的主流模型。

大五人格具体包括图5.6所示的五种个性特质。

图 5.6 大五人格模型

（1）神经质。

神经质（Neuroticism）也称情绪稳定性，指个体体验消极情绪的倾向。

高神经质的人更容易体验到诸如愤怒、焦虑、抑郁等消极的情绪，他们对外界刺激的反应比一般人强烈，对情绪的调节能力比较差，经常处于一种不良的情绪状态。此外，这些人思维、决策以及有效应对外部压力的能力比较差。

低神经质的人较少烦恼，较少情绪化，比较平静，但这并不表明他们经常会有积极的情绪体验，积极情绪体验的频繁程度是外向性的主要内容。

（2）外向性。

外向性（Extraversion）指个体对外部世界的积极投入程度。

高外向性的人喜欢与人接触，充满活力，经常感受到积极的情绪。他们热情，喜欢运动，喜欢刺激冒险。在一个群体当中，他们非常健谈，自信，喜欢引起别人的注意。

低外向性的人比较安静，谨慎，不喜欢与外界过多接触。他们不喜欢与人接触不能被解释为害羞或者抑郁，这仅仅是因为比起高外向的人，他们不需要那么多的刺激，因此喜欢一个人独处。低外向性人的这种特点有时会被人误认为是傲慢或者不友好，其实一旦和他们接触你经常会发现他们是非常和善的人。

（3）开放性。

开放性（Openness to Experience）也称经验开放性，指对经验、思想、感觉的开放和接纳程度。

高开放性的人富有想象力和创造力，好奇，欣赏艺术，对美的事物比较敏感。开放性的人偏爱抽象思维，兴趣广泛。

低开放性的人讲求实际，偏爱常规，比较传统和保守。

（4）宜人性。

宜人性（Agreeableness）指个体在人际交往中的合作性、利他性和友善性。

宜人性高的人是善解人意的、友好的、慷慨大方的、乐于助人的，愿意为了别人放弃自己的利益。宜人性高的人对人性持乐观的态度，相信人性本善。

宜人性低的人则把自己的利益放在别人的利益之上。本质上，他们不关心别人的利益，因此也不乐意去帮助别人。有时候，他们对别人是非常多疑的，怀疑别人的动机。对于某些职位来说，太高的宜人性是没有必要的，尤其是需要强硬和客观判断的场合。

（5）尽责性。

尽责性（Conscientiousness）指个体在目标导向行为上的自律性、条理性和责任感。

高尽责性的人容易避免麻烦，能够获得更大的成功。人们一般认为高尽责的人更加聪明和可靠，但是高尽责的人可能是完美主义者或者工作狂。极端尽责的个体让人觉得单调、乏味、缺少生气。

低尽责性的人常被认为是快乐的、有趣的、很好的玩伴。但是冲动的行为常常会给自己带来麻烦，虽然会给个体带来暂时的满足，但却容易产生长期的不良后果，比如攻击他人、吸食毒品等。低尽责性的个体一般不会获得很大的成就。冲动并不一定就是坏事，有时候环境要求我们快速决策。

除了以上分类方式以外，还有MBTI人格特质分类等，将个性划分为16种不同的个性特质。这些人格特质的研究对于理解个体行为、预测个体反应、促进个体发展等方面具有重要意义。

（三）轨道列车司机应具备的个性特质

个性特质对于人们所从事工作的绩效有着巨大影响，当工作者的个性特质与职业要求相一致时，工作人员才会有最佳的表现。

轨道列车司机是承担轨道交通安全的核心岗位，对于个性特质有着一定的要求，具体如下。

1. 稳定性

稳定性（Stability）指个体在面对生活中的变化和压力时，能够保持情绪稳定和沉着应对的能力。稳定性是轨道列车司机对个性特质的核心要求之一。

轨道列车司机在工作中面临着各种压力和挑战，包括高强度的工作环境、严格的操作规程、突发的紧急情况以及与乘客和同事的沟通等。因此，他们需要保持情绪的稳定，以确保在压力下依然能够做出准确、冷静的判断和决策。在工作中遇到挫折或困难时，情绪稳定的轨道列车司机能够快速调整自己的情绪状态，恢复积极的工作态度。这种情绪复原能力对于保持工作稳定性和提高服务质量至关重要。

情绪稳定的司机通常能够更好地应对工作压力，不易受到外界干扰和情绪波动的影响。他们能够在紧急情况下保持冷静，迅速做出反应，确保列车和乘客的安全。此外，情绪稳定的司机还更有可能与同事和乘客建立积极、和谐的关系，提升工作效率和服务质量。

2. 尽责性

尽责性（Conscientiousness）指的是个体在履行职责、完成任务和遵守规则方面所表现出的责任心、可靠性和勤奋程度。对于轨道列车司机这一职业而言，尽责性至关重要，因为这一工作直接关系到列车运行的安全、准时和乘客的舒适体验。

在列车运行过程中，轨道列车司机需要进行各种细致的操作和检查，如车辆检查、信号确认、车门开关等。尽责的列车司机会对每个细节都保

图 5.7　尽责性

持高度的关注和重视，确保每个操作都准确无误。列车司机需要对列车和乘客的安全负责，对任何可能影响运行安全的情况都要保持高度警惕。他们需要密切关注列车状态、路况信息和乘客动态，确保及时发现并妥善处理潜在问题，这些都需要列车司机有着谨慎、负责的个性特质。

此外，在遇到突发情况时，尽责的司机会勇于承担责任并果断采取行动。他们会迅速判断形势并采取相应的应急措施，确保列车和乘客的安全。同时，他们也会积极与同事、调度中心等各方进行沟通协调，共同应对紧急情况。故而，尽责性是轨道列车司机不可或缺的重要品质之一。

3. 有恒性

有恒性（Persistence）也称为坚韧性或毅力，是指个体在追求目标或执行任务时表现出的坚持不懈、持之以恒的精神品质。对于轨道列车司机这一职业而言，有恒性尤为重要，因为他们的工作需要高度的责任心、专注力和长时间的精神集中。

轨道列车司机需要在长时间的驾驶过程中保持高度的专注力，对列车的运行状态、路况信息等进行持续监控。有恒性的司机会在长时间的工作中保持稳定的注意力和警觉性，确保列车运行的安全。

司机的工作往往伴随着重复性的操作和严格的规定，有恒性的司机能够坚持不懈地执行这些规定，不因单调或疲劳而放松要求。他们会在每一次驾驶中都保持同样的专注和认真，确保每一次操作都准确无误。

随着技术的不断发展和安全标准的不断提高，轨道列车司机需要不断学习新的知识和技能。有恒性的司机会将学习视为一种持续的过程，不断提升自己的专业素养和综合能力，以更好地适应工作需求。

4. 敢为性

敢为性（Courageousness）指的是个体在面对挑战、困难或不确定性时，能够勇于担当、果断决策并付诸行动的个性特质。这一特质对于轨道列车司机来说也非常重要。

作为列车运行的直接操作者，轨道列车司机需要对自己的工作结果负责。敢为的司机会勇于承担自己的责任，不推诿、不逃避，积极寻求解决问题的办法。在列车运行过程中，可能会遇到各种突发情况，如设备故障、乘客紧急求助等。敢为的司机会在关键时刻迅速做出判断，果断采取应对措施，确保列车运行的安全和乘客的安全。

随着技术的不断进步和乘客需求的不断变化，轨道列车司机需要不断学习新知识、掌握新技能，并敢于在工作中创新和改进。敢为的司机会积极提出自己的意见和建议，为提升列车运行效率和服务质量贡献自己的力量。

需要注意的是，敢为性并不等同于冲动或鲁莽。轨道列车司机在展现敢为性的同时，也需要具备冷静分析、谨慎判断的能力，确保自己的决策和行动都是基于充分的信息和合理的判断。

5. 外向性

外向性（Extraversion）指的是个体在心理能量、注意和兴趣方面一般偏好指向他人或外部刺激的特性。外向性在轨道列车司机这一职业中并不是绝对必要的个性特质要求，但它对列车司机的工作表现有着积极的影响。

在轨道列车司机的工作中，虽然大部分时间是在列车上独立操作，但也经常与同事、乘客以及调度中心进行沟通，而外向性有助于他们更好地传达信息、解决问题，并在工作中保持积极的态度。

同时，外向性的列车司机可能更容易与同事、乘客以及调度中心等建立良好的人际关系，增强团队的协作氛围。他们更擅长与乘客沟通，解决他们的问题，提供更好的服务体验。在突发情况下，他们也可能更自信、更果断地应对，有效地安抚乘客情绪，维护现场秩序。

图 5.8 调度中心

第三节 轨道列车司机的个性测试

（一）个性测试的概念

个性测试（Personality Test）是指通过标准化的测量工具，对测试者的个性特征进行考查评估的一种心理测试。

个性测试用于了解个体对待现实的态度、习惯化的行为方式和心理特征，在人力资源管理、职业规划、心理咨询等多个领域有着广泛应用。它可以帮助组织筛选出与岗位需求相匹配的候选人，帮助个人了解自己的性格优势与不足，从而更好地规划职业发展和人际关系。

在进行个性测试时，心理量表法（问卷法）是最常用的一种方法，它通常通过自我报告的形式出现，因此也被称为自陈量表。在进行个性测试时，采用文字叙述的方式，列出一些问答题或命题，后面附上几种答案供受试者选择，或者由受试者根据自己的评判在不同评价等级上表明某种程度。赋予不同评价等级的分值后，将原始数据统计处理，即可得到评判结果。

（二）常用的个性测试量表

个性测试量表多种多样，它们主要用于评估个体的性格特质、心理活动倾向、情绪稳定性等方面的差异。以下是一些常见的个性测试量表。

1. 大五人格量表

大五人格量表（Five-Factor Personality Test），也称 NEO 人格量表，由美国心理学家科斯塔（Costa）和麦克雷（McCrae）在大五人格理论的基础上，于 1987 年编制成。大五人格量表通过一系列标准化的题目来评估个体在五个核心特质上的得分，这些特质包括：外倾性、宜人性、尽责性、神经质和开放性。

该量表后来经过两次修订，成为目前广泛使用的人格测试工具，该量表的中文版由中国科学院的心理学家张建新教授修订，以适应中国文化和语言背景。

2. 卡特尔十六种人格因素测验

卡特尔十六种人格因素测验（Catell 16 Personality Factor Test，16PF）是由美国心理学家卡特尔教授（Raymond B. Cattell）编制的一种用于人格检测的问卷。这一测验在心理学和人力资源管理等领域有着广泛的应用。

16PF 基于卡特尔的人格特质理论，运用因素分析方法，从大量描述人类行为的词汇中选定特征名称，通过大学生对同学的行为评定，最终确定 16 种人格特质：乐群性、聪慧性、稳定、恃强性、兴奋性、有恒性、敢为性、敏感性、怀疑性、幻想性、世故性、忧虑性、实验性、独立性、自律性、紧张性。

16PF 包含 187 个题目，每个题目有三个备选答案，这些题目旨在测量这 16 种独立的人格特质。

3. MBTI 人格类型测验

MBTI 人格类型测验（Myers-Briggs Type Indicator）是基于瑞士心理学家卡尔·荣格提出的 8 种心理类型，经过二十多年的研究，由凯瑟琳·库克·布里格斯（Katharine Cook Briggs）和她的女儿伊莎贝尔·布里格斯·迈尔斯（Isabel Briggs Myers）所提出的一种人格测试。

该人格测试将人格划分为能量获取、信息获取、决策方式、生活方式四个维度，每个维度包含两个对立的偏好，共组成 16 种性格类型，以此评估个体在心理功能上的差异。

除了以上的个性测试量表以外，还有艾森克人格问卷（EPQ）、九型人格测评量表、DISC 个性测评量表等。在选择个性测试量表时，应根据测试目的、适用范围和个体特点进行综合考虑。个性测试的结果仅供参考，不应作为评价个体个性和能力的唯一标准。

（三）轨道列车司机的个性测试

轨道列车司机作为列车运行的直接操作者，影响着千千万万乘客的安全，其需要具有情绪稳定、责任感强、有恒心、决策果断等个性特质。

个性测试常用于了解轨道交通列车司机的个性特征，选择符合城市轨道交通列车驾驶工作特性的司机，进行培训和个性优化，有助于实现人岗匹配，提高员工满意度，降低组织离职率等。

在进行个性测试时，轨道列车司机往往采用大五人格量表、16PF 人格量表或者其他人格通用量表进行测试，其测评结果会作为排除项，按照常模通用标准，排除个别性格极端的被测试者。

以大五人格量表为例，其测评的指标及相应解释如表 5.3 所示。

表 5.3 轨道列车司机大五人格测试指标及含义

测试指标	含义
1. 情绪稳定性	司机情绪成熟，在应激情景下不表现出过分激动的反应
2. 外向性	司机的人际互动能力以及获得愉悦的能力
3. 尽责性	司机自我控制的程度以及推迟需求满足的能力
4. 宜人性	司机对他人所持的态度，以及对于合作和人际和谐的看重程度
5. 开放性	司机对新鲜事物持开放、探求态度

需要注意的是，轨道列车司机并非需要满足所有的个性特征要求，但至少应满足其中一到两项，并表现出较为稳定的个性特质。充分了解驾驶员个性特征，选择符合城市轨道交通列车驾驶工作特性的驾驶员，进行培训和个性优化，有助于实现人岗匹配，提高员工满意度，降低组织离职率。

请大家完成"章节练习 5.1"中的大五人格测试，对轨道列车司机个性测试内容进行具体了解，并对自身的个性特质进行了解。

【章节练习 5.1】

大五人格测试（简版）

指导语：请仔细阅读以下问题，每个问题从非常不符合到非常符合有 5 种选择（见表 5.4）。

如果该描述明显不符合您或者您十分不赞同，请选择"1"；
如果该描述多数情况下不符合您或者您不太赞同，请选择"2"；
如果该描述半正确半错误，您无法确定或介于中间，请选择"3"；

如果该描述多半符合您或者您比较赞同，请选择"4"；

如果该描述明显符合您或者您十分赞同，请选择"5"。

表 5.4　大五人格测试量表

测试题目	非常不符合	不太符合	不确定	比较符合	非常符合
1. 我不是一个容易忧虑的人	1	2	3	4	5
2. 我喜欢周围有很多朋友	1	2	3	4	5
3. 我很喜欢沉浸于幻想和白日梦中，去探索、发展其中所有可能实现的东西	1	2	3	4	5
4. 我尽量对每一个遇到的人彬彬有礼，非常客气	1	2	3	4	5
5. 我让自己的物品经常保持整洁干净	1	2	3	4	5
6. 有时候我感到愤怒，充满怨恨	1	2	3	4	5
7. 我很容易笑	1	2	3	4	5
8. 我喜欢培养和发展新的爱好	1	2	3	4	5
9. 有时候，我会采用威胁或奉承等不同手段，去说服别人按我的意愿去做事	1	2	3	4	5
10. 我比较擅长为自己安排好做事进度，以便按时完成任务	1	2	3	4	5
11. 当面对极大的压力时，有时我会感到好像就要垮了似的	1	2	3	4	5
12. 我喜欢那些可以单独做事，不被别人打扰的工作	1	2	3	4	5
13. 我对大自然和艺术中蕴涵的美十分着迷	1	2	3	4	5
14. 有些人觉得我有些自我中心，不太考虑别人的感受	1	2	3	4	5
15. 许多时候，事到临头了，我才发现自己还没做好准备	1	2	3	4	5
16. 我很少感觉孤独和忧郁	1	2	3	4	5
17. 我很喜欢与别人聊天	1	2	3	4	5
18. 我认为让学生接触有争议的学说或言论只会混淆和误导他们的思想	1	2	3	4	5
19. 如果有人挑起争端，我随时准备好反击	1	2	3	4	5
20. 我会尽量认真地完成一切分派给我的任务	1	2	3	4	5
21. 我经常感到紧张而心神不定	1	2	3	4	5
22. 我喜欢置身于激烈的活动之中	1	2	3	4	5
23. 我对诗词基本上没有什么感觉	1	2	3	4	5
24. 我觉得自己比大多数的人都优秀	1	2	3	4	5
25. 我有一套清晰的目标，并以有条理的方式朝它迈进	1	2	3	4	5
26. 有时我感到自己完全一文不值	1	2	3	4	5
27. 我通常回避人多的场合	1	2	3	4	5
28. 对我来说，让头脑无拘无束地想象是一件困难的事情	1	2	3	4	5

续表

测试题目	非常不符合	不太符合	不确定	比较符合	非常符合
29. 受到别人粗暴无礼的对待后，我会尽量原谅他们，让自己忘记这件事	1	2	3	4	5
30. 开始着手学习或工作之前，我会浪费很多时间	1	2	3	4	5
31. 我很少感到恐惧或焦虑	1	2	3	4	5
32. 我常常感到自己精力旺盛，好像充满能量	1	2	3	4	5
33. 我很少留意自己在不同环境下的情绪或感觉变化	1	2	3	4	5
34. 我相信人性是善良的	1	2	3	4	5
35. 我努力做事以达到自己的目标	1	2	3	4	5
36. 别人对待我的方式常使我感到愤怒	1	2	3	4	5
37. 我是一个乐天开朗的人	1	2	3	4	5
38. 我经常体验到许多不同的感受或情绪	1	2	3	4	5
39. 很多人觉得我对人有些冷淡，经常和别人保持一定距离	1	2	3	4	5
40. 一旦做出承诺，我通常会贯彻到底	1	2	3	4	5
41. 很多时候，当事情不顺利时，我会感到泄气，想要放弃	1	2	3	4	5
42. 我不太喜欢和人聊天，很少从中获得太多乐趣	1	2	3	4	5
43. 阅读一首诗或欣赏一件艺术品时，我有时会感到非常兴奋或喜悦	1	2	3	4	5
44. 我是一个固执倔强的人	1	2	3	4	5
45. 有时候，我并不是那么可靠和值得信赖	1	2	3	4	5
46. 我很少感觉忧伤或沮丧	1	2	3	4	5
47. 我的生活节奏很快	1	2	3	4	5
48. 我对思考宇宙规律或人类生存状况没有什么兴趣	1	2	3	4	5
49. 我尽量对他人做到体贴周到	1	2	3	4	5
50. 我做事情总是善始善终，是一个很有做事能力的人	1	2	3	4	5
51. 我经常感觉无助，希望有人能帮助我解决问题	1	2	3	4	5
52. 我是一个十分积极活跃的人	1	2	3	4	5
53. 我对许多事物都很好奇，充满求知欲	1	2	3	4	5
54. 如果我不喜欢某一个人，我会让他知道	1	2	3	4	5
55. 我好像总不能把事情安排得井井有条	1	2	3	4	5
56. 有时我会感到十分羞愧，以至于只想躲起来，不见任何人	1	2	3	4	5
57. 我宁愿自己独自做事，而不是领导指挥别人	1	2	3	4	5
58. 我喜欢研究理论和抽象的问题	1	2	3	4	5
59. 如果必要的话，我会利用别人来达到自己的目的	1	2	3	4	5
60. 对于每件事，我都力求做到最好	1	2	3	4	5

评分：

1. 神经质。1、16、31、46为反向题，将题项得分相加，反向题得分相减，计算总分。

题号	1	6	11	16	21	26	31	36	41	46	51	56	累计
得分													

2. 外向性。12、27、42、57为反向题，将题项得分相加，反向题得分相减，计算总分。

题号	2	7	12	17	22	27	32	37	42	47	52	57	累计
得分													

3. 开放性。18、23、28、33、48为反向题，将题项得分相加，反向题得分相减，计算总分。

题号	3	8	13	18	23	28	33	38	43	48	53	58	累计
得分													

4. 宜人性。9、14、19、24、39、44、54、59为反向题，将题项得分相加，反向题得分相减，计算总分。

题号	4	9	14	19	24	29	34	39	44	49	54	59	累计
得分													

5. 尽责性。15、30、45、55为反向题，将题项得分相加，反向题得分相减，计算总分。

题号	5	10	15	20	25	30	35	40	45	50	55	60	累计
得分													

评分标准：

神经质：20.4分以下为典型低分，38.8分以上为典型高分。
外向性：26分以下为典型低分，42分以上为典型高分。
开放性：32分以下为典型低分，47分以上为典型高分。
宜人性：30分以下为典型低分，48分以上为典型高分。
尽责性：36分以下为典型低分，44分以上为典型高分。

第六章　认知能力与行车安全

【知识目标】

◇ 了解认知与认知过程的概念、内容
◇ 了解认知能力的概念及影响因素
◇ 掌握轨道列车司机应当具备的认知能力
◇ 理解认知能力对行车安全的影响
◇ 掌握认知能力训练与提升的方法

【能力目标】

◇ 能够对自身认知能力进行测试与评价
◇ 能够运用认知训练方法提升自身认知能力

【关键概念】

◇ 认知、认知过程、认知能力、认知能力测试、认知能力训练

【知识框架】

```
                            ┌── 认知的概念
              ┌── 认知概述 ──┼── 认知过程
              │              └── 认知能力
              │
              │                          ┌── 认知能力与行车安全
认知能力与    ├── 轨道列车司机的认知能力 ─┼── 轨道列车司机应具备的认知能力
行车安全      │                          └── 认知能力的训练办法
              │
              │                          ┌── 轨道列车司机的注意力测评
              │                          ├── 轨道列车司机的反应能力测评
              └── 认知能力的测试与评价 ──┼── 轨道列车司机的学习能力测评
                                         ├── 轨道列车司机的判断能力测评
                                         └── 轨道列车司机的作业平稳性测评
```

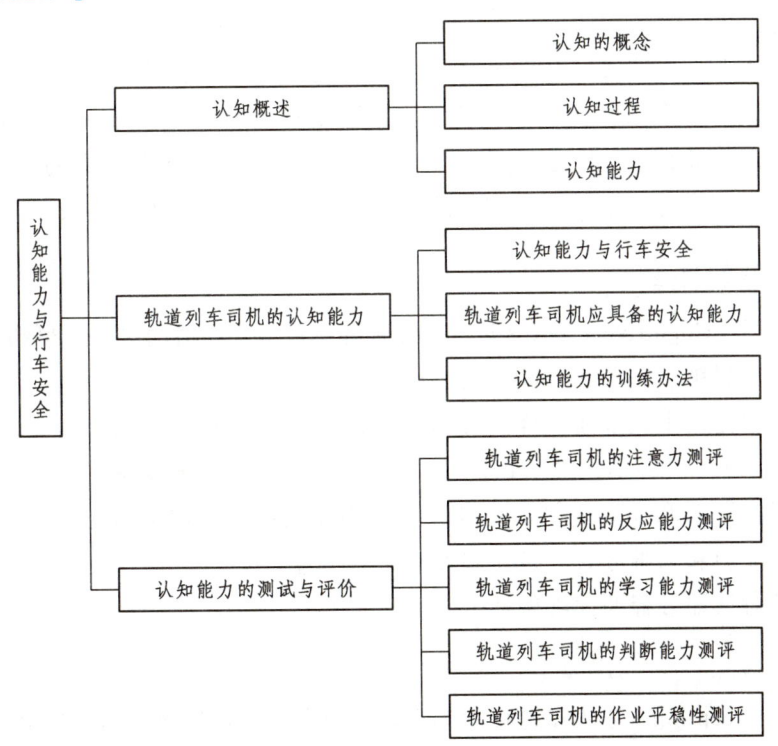

图 6.1　第六章知识框架图

第一节 认知概述

（一）认知的概念

认知是一种意识活动，是人类区别于其他动物的重要特征之一，正因为人类的认知能力具有高度的灵活性和适应性，如此才能够应对复杂多变的环境和情境。

《心理学大辞典》对"认知"的定义如下：

认知（Cognition）是指个体对外部世界进行信息加工处理的过程，以及这一过程中所涉及的心理现象和机制。

大约7万年前，人类祖先经历了一次认知革命，这次革命显著改变了人类大脑内部的连接方式和思考方式。赫拉利在相关研究中指出，这次认知革命让人类拥有了全新的思考方式和沟通方式，特别是新语言的诞生，使得人类能够讨论虚构的事物，从而具备了进行大规模合作的能力，这种合作能力极大地推动了人类在地球上的扩张和繁衍。

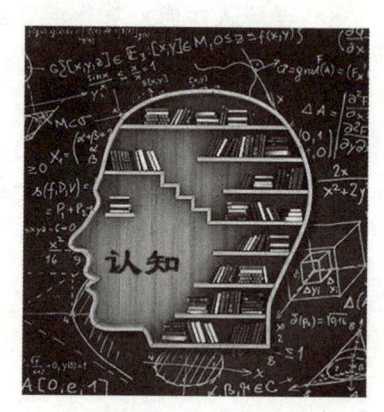

图 6.2 认知

认知使人类能够学习、积累和传承知识，这一能力不仅推动了人类文明的进步和发展，还使得每个人都能在知识的海洋中不断探索和成长。随着人类知识的不断积累，人类的认知水平逐渐提高，进而推动了科学技术的进步和社会的发展。应该说人类能够达到现今的高度，与其具备的认知能力有着非常密切的关联。

（二）认知过程

认知过程（Cognitive Process）是人脑通过一系列心理活动对客观事物进行感知、理解、记忆、思维、想象和判断等的过程。

认知过程是一个复杂而多样的心理过程，它涉及感知、注意、记忆、思维和想象等多个方面。这一过程是人类认识世界、获取知识和经验、解决问题和进行创造活动的基础。通过了解和掌握这些认知过程及其相互关系，我们可以更好地理解和改善我们的认知能力和思维方式，进一步发展个人潜能。

以下是对认知过程的详细阐述。

1. 感 知

感知（Perception）是认知过程的起点，是指人脑通过感觉器官（如眼、耳、鼻、舌等）对外界刺激进行接收和初步处理的过程。

感知过程可以分为感觉和知觉两个阶段。

（1）感觉。

感觉（Sensation）是感知过程的第一步，它通过感觉器官接收内部与外界刺激，以反映自身机体状态与外部环境变化。

人类通过视觉、听觉、触觉、嗅觉和味觉等感觉来感知世界，这些感觉器官会接收外界的光线、声音、压力、气味等信息，并将其转化为神经信号传递到大脑。

感觉是最初级的认识活动，是知觉、记忆、思维等复杂的认识活动的基础，也是人的全部心理现象的基础。

（2）知觉。

知觉（Perception）是感知过程的第二步，它是大脑对感觉信息进行加工、整合和解释的过程。

感觉信息通过神经信号传递到大脑后，大脑会对这些信息进行分析和解码，从而产生出对物体、声音、触感等的认知和理解。知觉的过程涉及对信息的筛选、组织和解释，会受到个体经验、认知能力和情绪状态的影响。

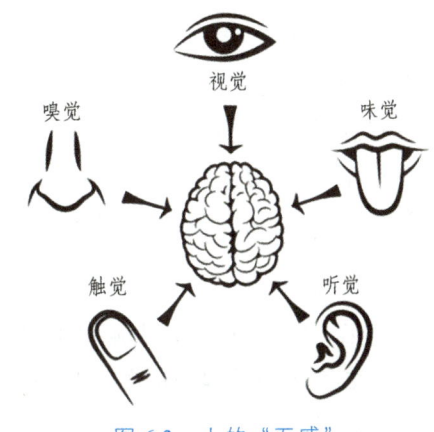

图 6.3　人的"五感"

知觉是各种感觉的结合，它来自感觉，但又不同于感觉。感觉只反映事物的个别属性，知觉却认识了事物的整体；感觉是单一感觉器官的活动的结果，知觉却是各种感觉协同活动的结果；感觉不依赖于个人的知识和经验，知觉却受个人知识经验的影响。

2. 注　意

注意（Attention）是心理活动对一定对象的指向和集中，是伴随着感知觉、记忆、思维、想象等心理过程的一种共同的心理特征。

注意是认知过程中的一个重要环节，它决定了我们在大脑中关注哪些信息、忽略哪些信息。

根据注意的性质和产生方式，可以将其分为无意注意、有意注意、有意后注意三类。

（1）无意注意。

无意注意（Involuntary Attention）也称不随意注意，是指事先没有预定的目的，也不需要做意志努力的注意。

无意注意主要由外界刺激物引起，刺激物的强度、新异性、对比关系以及与个体的需要和兴趣的关系等都会影响无意注意的产生。它可以帮助我们及时捕捉到环境中的重要信息，使我们能够更好地适应环境。

（2）有意注意。

有意注意（Voluntary Attention）也叫随意注意，它是指有预定目的，需要做一定努力的注意。

有意注意受人的意识调节和支配，是人类特有的心理现象。在学习、工作和生活中，有意注意起着重要的作用，它使我们能够集中精力去完成某项任务或实现某个目标。

（3）有意后注意。

有意后注意（Post-Voluntary Attention）也叫随意后注意，是指有自觉的目的，但不需要意志努力的注意。

有意后注意是注意的一种特殊形式，它同时具有无意注意和有意注意的某些特征。例如，当驾驶员对驾驶技能达到高度熟练的程度时，他们可以在驾驶过程中自然地关注路况、操作车辆，而无须过多地消耗意志努力。

3. 记　忆

记忆（Memory）是大脑对客观事物的信息进行编码、储存和提取的认知过程。

记忆是认知过程中的关键环节，它决定了我们对过去经历和学习的信息的获取、存储和提取能力。

根据记忆保存的时间，记忆可以分为感知记忆、短期记忆和长期记忆三类。

（1）瞬时记忆。

瞬时记忆（Instantaneous Memory）又叫感知记忆，是刺激作用于感觉器官所引起的短暂记忆。

瞬时记忆的记忆容量较大，其内容得到注意后可以转入短时记忆，但是保存时间很短，一般在 0.25～2 秒之间。瞬时记忆的作用在于它暂时保持了所接受到的所有器官刺激以供自己选择。

例如，你正坐在靠椅上，眼睛不自觉地扫描着每一行字，同时你也能隐隐约约感觉到周围的动静，你听得见翻书的声音，你感觉得到靠椅的舒适，只是你在书上投入太多的注意而几乎没有意识到它们。

（2）短期记忆。

短期记忆（Short-Term Memory）是指在一段较短的时间内储存少量信息的记忆类型。

短期记忆保持时间大约在 1 分钟之内，它帮助我们在短时间内保持和处理信息，如记住电话号码、学习单词等。然而，短期记忆的容量有限且容易受到干扰和遗忘，因此需要通过重复和提取等方法进行巩固。

（3）长期记忆。

长期记忆（Long-Term Memory）指信息经过充分的和有一定深度的加工后，在头脑中长时间保留下来的记忆。

长期记忆使我们能够保存和获取我们过去的经验、知识和技能，它是人类学习和发展的重要基础。

4. 思维和想象

思维和想象是认知过程中的高级阶段，它们涉及对信息的处理、分析和推理以及创造新的心理表象和概念等。

（1）思维。

思维（Thinking）是人类大脑借助语言、符号等媒介，对客观事物进行概括，间接、系统地反映和认识的过程。

通过思维活动，人类能够理解和解释复杂现象、解决实际问题和进行创造活动。思维对于人类的认知、决策和行为具有重要的影响，它使我们能够理解和解释世界，预测和应对未来，创造和解决问题。思维能力的高低直接影响到个人的学习、工作和生活质量。

（2）想象。

想象（Imagine）是人在头脑中凭借记忆所提供的材料进行加工，从而产生新的形象的心理过程。

想象能够创造出全新的形象或场景，这些形象或场景可能并不存在于现实世界中。想象可以突破时间和空间的束缚，自由地构建出各种可能的情境，其内容往往受到个体经验、情感、需求等因素的影响，因此具有高度的个人化特征。

【拓展阅读 6.1】

想象力比知识更重要

小时候的天马行空，总能蹦出一些奇奇怪怪的点子，想着电视里的人物会不会走出来，能不能有一种机器人帮我们打扫卫生、写作业。别小瞧了这份想象力，许多童年时的幻想其实正在以这样那样的形式变成现实。

牛顿看到苹果掉下来，他会想为什么苹果不是往天上掉，而是往地下呢？于是他发现了万有引力。爱因斯坦看到人与人之间，人与物之间的相对状态，从而提出了相对论。帮助牛顿、爱因斯坦这些科学巨人完成伟业的正是他们丰富的想象力。

图 6.4 牛顿与苹果

爱因斯坦曾说："想象力比知识更重要，因为知识是有限的，而想象力概括着世界上的一切，推动着进步，而且是知识进化的源泉。"

科学家若不插上想象的翅膀，根本不可能有什么发明、创造。比如说，莱特兄弟如果没有想象着飞向天空，很难发明出飞机；富尔顿若是对水面上的浮物视若无睹，没有一点儿想象，也不会发明出汽船；爱迪生更是因为想象力丰富，才有了那么多的发明。

无论从事什么行业，如果想象力缺失，都很难有新的创造和发展。作家如果没有想象力，写不出曲折离奇的作品；画家若缺乏想象力，很难画出精致的作品；音乐家若是想象力不丰富，不会创作出经典的歌曲、旋律。想象力看似虚无缥缈，没有什么价值，事实上，它在人们生活中却有着重要的作用。

（三）认知能力

1. 认知能力的概念

认知能力（Cognitive Ability）是指人脑加工、储存和提取信息的能力。

认知能力涵盖了观察力、注意力、记忆力、思维力、想象力等多个方面，是人们获取和应用知识的重要过程。

认知能力是人类最基础的能力之一，对于个人的学习、工作、生活以及人际交往等方面都具有深远的影响。它帮助人们分析和解决问题，进行创新思维，提高决策能力，并在人际交往中理解他人的观点和情感。

认知能力是人类学习和发展的基础，通过认知能力，人们能够获取、理解和应用新知识，不断扩展自己的认知领域，提高自己的综合素质。

2. 认知能力的影响因素

认知能力的发展受到多种因素的影响，包括家庭环境、教育背景、遗传基因、大脑结构和功能等。

（1）遗传因素。

遗传因素在认知能力的发展中起着重要作用。先天的智力素质具有一定的遗传基因基础，对认知水平的影响比较大。某些认知障碍的基因突变或家族性遗传病史可能导致大脑功能异常，从而影响认知能力。例如，一些与认知相关的基因变异或遗传突变可能导致孩子在学习、记忆、思考等方面存在困难。

（2）家庭环境。

家庭环境、父母的教养方式以及家庭期望都可能对个体的认知能力产生深远影响。如果个体在成长过程中缺乏足够的刺激和引导，他们可能无法充分发展自己的认知能力。同时，家庭环境中的规则和纪律也对执行力有重要影响。

（3）教育背景。

教育系统对个体的认知发展和技能培养起着重要作用，如果个体在接受教育的过程中缺乏足够的挑战和激励，他们的认知能力可能无法得到充分发展。此外，教育内容的丰富性和教学方法的多样性也会影响认知能力的培养。

（4）生理因素。

个体的认知能力与大脑的结构和功能密切相关，例如某些大脑区域的发育或功能异常可能影响个体的认知能力和执行力。充足的营养和良好的健康状况有助于大脑的发育和认知能力的提高，而一些慢性疾病如阿尔茨海默病、帕金森病等，由于长期炎症反应和氧化应激作用于中枢神经系统，可能导致认知功能下降。

（5）心理因素。

每个人天生的心理特点不同，比如性格、兴趣爱好等都会影响认知的深度和广度。同时，个人的心理状态对认知能力有直接影响。例如，情绪问题、焦虑、抑郁等心理因素可能干扰个体的学习和认知发展。学会调节自己的情绪，保持积极乐观的心态，有利于认知能力的发挥和发展。

影响认知能力的因素是多方面的，包括遗传、环境、个体、心理与情绪、生理与健康、生活习惯与行为等方面，这些因素相互交织，共同作用于个体的认知能力发展。

第二节　轨道列车司机的认知能力

（一）认知能力与行车安全

轨道列车司机的认知能力与行车安全之间存在着密切的关系，轨道列车司机作为铁路运输中的关键角色，其认知能力的高低直接影响着列车运行的安全性和稳定性。

认知能力对轨道交通行车安全的具体影响如下。

1. 提高行车效率

认知能力决定了轨道列车司机处理信息、做出决策和采取行动的速度，从而影响行车效率。

认知能力强的列车司机能够迅速处理来自多个信息源的数据，包括信号指示、线路状况、车辆状态等，并据此做出快速而准确的决策。在复杂或紧急情况下，他们能够迅速反应，采取适当的措施，从而避免延误或事故，提高整体行车效率。

此外，认知能力强的列车司机能够更准确地理解和执行操作规程，减少因疏忽或误解而导致的错误，这种高度的准确性和可靠性有助于确保列车按照预定计划运行，提高行车效率。

2. 降低事故风险

凭借强大的认知能力，轨道列车司机能够及时发现线路上的异常情况或潜在风险，更准确地判断线路状况、车辆状态和信号指示等关键信息，从而避免或减少事故的发生。

认知能力强的列车司机能够提前预判线路上的潜在问题或障碍，如信号故障、施工区域等，并提前规划好应对措施。同时，他们还能根据经验和专业知识对可能发生的情况进行预判，并提前采取措施加以防范，从而大大降低事故发生的概率。

此外，在列车运行过程中，列车司机需要与调度员、乘客以及其他相关人员保持有效沟通。认知能力强的列车司机能够更清晰地表达自己的意图和需求，同时也能够更好地理解他人的信息，从而能更好地解决遇到的突发问题，保障行车的安全。

3. 快速适应环境

认知能力强的司机具备快速学习和适应新环境的能力，能够迅速掌握新技术和新知识，并将其应用于实际工作中，从而提高行车效率。随着轨道交通技术的不断发展和更新，新的操作规程、信号系统、车辆性能等不断涌现，列车司机的学习适应能力显得更加重要。

当轨道列车司机面临新的工作环境或线路时，认知能力强的司机能够迅速理解并适应新的工作环境要求。他们能够快速掌握新线路的地理特点、信号系统、交通规则等，从而确保在新环境中也能高效、安全地驾驶列车。

此外，轨道交通系统可能会遇到各种复杂情况，如恶劣天气、突发故障、紧急疏散等，认知能力强的列车司机能够灵活应对这些复杂情况，迅速做出正确的判断和决策。

（二）轨道列车司机应具备的认知能力

轨道列车司机的认知能力直接关系到列车的安全运行、乘客的生命安全以及公共交通系统的顺畅运行，对于保障轨道交通安全、提高公共交通服务质量具有重要意义。

轨道列车司机应当具备的认知能力如下。

1. 注意力

注意力（Attention）指在行车过程中，轨道列车司机进行信息搜集、保持视觉范围广度和听觉效果，以及随时准备接收外界信息的能力。

在驾驶轨道列车的过程中，列车司机需要保持高度集中的注意力，以确保列车的安全运行和乘客的舒适体验。

列车司机需要时刻关注列车的运行状态，包括速度、加速度、制动系统等，以确保列车在规定的参数范围内运行。任何细微的异常都可能影响列车的稳定性和安全性，因此司机必须保持高度的注意力来监控这些状态。

轨道列车司机需要密切注意信号系统的指示，包括交通信号灯、轨道旁信号牌以及车载信号设备等。这些信号为司机提供了关于前方路况、停车点、速度限制等重要信息。司机必须准确解读并快速响应这些信号，以确保列车按照规定的路线和速度行驶。

此外，列车司机还需要时刻关注列车周围的环境，包括轨道状况、天气变化、其他交通参与者等。这些因素都可能对列车的运行产生影响，因此司机需要保持警惕，以便在必要时采取适当的措施。

图 6.5 驾驶中的列车司机

2. 反应能力

反应能力（Response Ability）指在行车过程中，轨道列车司机对随机出现的视觉刺激信号和听觉刺激信号做出快速反应和准确判断的能力。

在快速变化的轨道交通环境中，轨道列车司机需要具备高度的反应能力来应对各种突发状况和紧急情况，以确保列车和乘客的安全。

列车司机必须迅速、准确地响应信号系统的指示，无论是正常行驶中的信号变换，还是紧急情况下的信号警示，司机都需要在第一时间做出反应，以确保列车按照规定的速度和路径行驶，这也需要快速的反应能力。

在遇到前方有障碍物、行人闯入轨道或信号系统突然失效等紧急情况时，列车司机需要迅速反应并立即采取紧急制动措施，以避免事故的发生。这种快速反应能力可以大大减少事故发生的可能性和后果的严重性。

此外，当列车上出现乘客紧急情况时，如乘客突发疾病、火灾等，司机需要立即做出反应，采取适当的措施，如广播通知、紧急停车等，以保障乘客的安全。

3. 学习能力

学习能力（Learning Ability）指轨道列车司机搜寻并学习相关专业知识的能力。

随着技术的不断进步和轨道交通系统的日益复杂，轨道列车司机需要不断学习和更新自己的知识和技能，以适应新的工作环境和要求。

自动化、智能化技术在轨道交通领域的应用越来越广泛，轨道列车司机需要掌握新的操作系统、控制设备和应急处理流程。学习能力强的司机能够更快地适应新技术，提高工作效率和安全性。

轨道交通系统经常会有新的规章制度、安全标准和操作流程出台。学习能力强的司机能够迅速学习并理解这些新规则，确保自己在实际工作中能够严格遵守，避免违规操作带来的风险。

此外，轨道列车司机作为专业技术人员，需要不断学习和提升自己的专业素养。学习能力强的司机能够积极参与各种培训和学习活动，不断拓宽自己的知识面和技能范围，为职业生涯的持续发展打下坚实的基础。

4. 判断能力

判断能力（Judgment Ability）指在行车过程中，轨道列车司机对速度、信号、风险等方面的预测与评估能力。

在复杂的轨道交通环境中，列车司机需要具备敏锐的判断能力，以迅速、准确地评估各种情况，并做出正确的决策。

在面对突发情况时，如设备故障、信号异常、乘客紧急事件等，列车司机需要迅速判断情况的严重性和紧迫性，并立即采取相应的应急措施。准确的判断能力有助于列车司机在紧急情况下迅速做出正确的决策，减少事故发生的可能性和后果的严重性。

轨道列车司机需要不断观察并解读各种信号和指示，包括交通信号灯、轨道旁信号牌、车载信号设备等，这些信号和指示为列车司机提供了关于前方路况、停车点、速度限制等重要信息。列车司机需要具备敏锐的判断能力，以准确解读这些信息，并据此调整列车的运行状态。

此外，在列车运行过程中，列车司机需要不断评估各种潜在的风险因素，如天气变化、轨道状况、其他交通参与者的行为等。通过准确的判断能力，司机可以预见可能发生的危险情况，并提前采取措施加以防范，确保列车和乘客的安全。

5. 作业平稳性

作业平稳性（Operational Smoothness）指在行车过程中，轨道列车司机作业的准确性及稳定性。

作业平稳性不仅关乎乘客的舒适体验，还直接影响到列车运行的安全性和效率。

作业平稳性是列车司机职业素养的重要体现，一个优秀的列车司机应该具备精准、稳定的操作能力，能够在各种复杂情况下保持冷静和理智，确保列车的平稳运行。这种职业素养不仅有助于提升乘客的满意度和信任度，还有助于树立轨道交通行业的良好形象。

作业平稳性与列车的安全性密切相关，在高速运行的列车上，突然的加速、减速或转向都可能对列车的稳定性和安全性构成威胁。列车司机需要通过精准的操作和预判，确保列车在行驶过程中保持平稳，避免因操作不当而引发的事故。

列车在行驶过程中，如果经常受到剧烈的冲击和振动，会加速设备的磨损和老化，这不仅会增加维护成本，还可能影响列车的正常运行。保持作业平稳性，可以减少对设备的冲击和振动，延长设备的使用寿命，降低维护成本。

（三）认知能力的训练办法

认知能力的训练方法多种多样，这些方法旨在提升个体的注意力、记忆力、思维灵活性、问题解决能力等多个方面。

1. 注意力训练

注意力训练旨在提高个体在特定任务上的专注度和集中力，以下是一些常见的注意力训练方法。

（1）冥想练习。

如烛光冥想，通过集中注意力在某一对象上（如蜡烛的火焰），来增强专注力和注意力的稳定性。这种练习可以帮助大脑在面对复杂任务时更好地集中精神。

（2）分心训练。

在日常学习或工作中，有意识地保持专注，避免被外界干扰。可以使用番茄钟工作法，即每25分钟专注工作，然后休息5分钟，以提高集中注意力的能力。

（3）双重任务训练。

尝试同时处理两个不同的任务，如在学习时听一段音乐，同时注意和记忆学习的内容。这有助于训练注意力的多任务处理能力。

【拓展阅读 6.2】

烛光冥想

烛光冥想又称一点凝视法，是瑜伽冥想中的一种重要方式，它能让人放下心中的杂念，感受当下的内在平静，精神更为饱满。同时，烛光冥想可以加强练习者的专注力，使人们在日常生活中更容易保持对事物的关注。

烛光冥想具体步骤如下：

1. 准备阶段

选择一个安静、舒适的环境，避免被外界干扰。准备一支蜡烛，放置在身体前方，确保蜡烛火焰与眼睛在同一高度或略低于视线。选择一种舒适的坐姿，如盘坐或跪坐，注意保持腰背挺直，全身放松。

2. 凝视烛光

缓慢睁开双眼，目光从腿前方的地面向前移动，顺着蜡烛的底座逐渐向上移动到蜡烛。仔细观察烛光，尽量保持眼睛不眨动，让注意力完全集中在烛光上。此时，眼睛可能会有刺痛感，但尽量不要眨眼或

图 6.6 烛光冥想

揉眼，让眼泪自然流出。持续凝视烛光一段时间（初学者可以从 1 到 2 分钟开始，逐渐延长时间），直到感觉眼睛疲劳或无法继续凝视为止。

3. 闭眼内视

轻轻合上双眼，试图在脑海中抓住烛光的影像。即使影像逐渐模糊或消失，也不要沮丧，保持集中精神，重新找回这个影像。保持有规律的呼吸，让心灵逐渐平静下来。

4. 重复凝视

重复上述凝视和闭眼内视的步骤，可以逐渐增加凝视的时间。一般来说，5 到 10 分钟的练习时间已经足够。

5. 结束练习

练习结束后，缓慢睁开双眼，让目光逐渐适应周围环境。可以选择继续静坐一小会儿或进行其他放松活动。

---

2. 反应能力训练

反应能力训练旨在提高个体在应对突发情况或快速变化环境时的反应速度和准确性。

（1）体育运动训练。

通过乒乓球、羽毛球、篮球等运动进行训练，这些运动要求运动员具备快速的反应能力和良好的手眼协调能力。通过反复练习和比赛，可以显著提高反应速度。

（2）智力游戏训练。

通过数独、象棋、围棋、舒尔特方格训练等智力游戏进行训练，这些游戏需要玩家进行深入的思考和判断，同时还需要快速应对对手的棋局变化，从而提高反应速度和逻辑思维能力。

（3）肌肉记忆训练。

对于某些需要快速反应的技能或动作，可以通过反复练习来形成肌肉记忆，从而在遇到类似情况时身体能快速反应，迅速做出相关动作。

3. 记忆力训练

记忆力训练旨在帮助个体提高记忆效率、延长记忆保持时间。

（1）记忆联想训练。

将要记忆的信息转化成图像或故事，通过联想和想象进行记忆，这种方法可以显著提高记忆效果，使信息更加生动和难忘。例如，使用"记忆宫殿"法，将信息与熟悉的空间位置相关联。

（2）重复记忆训练。

采用分散式复习法，即在一段时间内多次复习同一内容，而不是长时间集中复习,这有助于加深记忆并延长记忆的保持时间。可以采用"艾宾浩斯遗忘曲线"的原理,合理安排复习记忆时间。

(3)记忆游戏。

利用记忆卡片、记忆宫殿、记忆拼图等游戏进行记忆训练,通过趣味性的方式提升记忆能力。

4. 思维灵活性训练

思维灵活性训练旨在帮助个体在面对复杂问题时能够迅速调整思路,从多个角度寻找解决方案。

(1)思维导图练习。

使用思维导图工具将复杂问题分解成简单的部分,并激发联想和创造力,这有助于理清思路,找到问题的关键点。

(2)跨领域学习。

学习一门与主专业或工作不直接相关的技能或知识,这可以激发新的思维火花,培养跨学科思维。

(3)脑力游戏。

进行数独、填字游戏、舒尔特方格训练等思维训练游戏,这些游戏可以锻炼逻辑思维和问题解决能力,提高思维的灵活性和敏捷性。

除了以上训练方式以外,对于轨道列车司机来说,还可以通过模拟器、虚拟现实技术等手段进行轨道车辆驾驶的模拟训练,对启动、制动、加减速、转弯、调度和停靠动作进行反复练习,以提升驾驶工作中的作业平稳性与反应能力。

此外,列车司机可以定期进行应急处理演练,包括紧急制动、故障排查、乘客疏散等,提高列车司机在突发情况下的应变能力和心理素质。

请在指导老师的带领下,完成"章节练习6.1"中的舒尔特方格训练,对自身的思维反应能力进行训练。在课外,大家还可以通过本书中提到的各种方法来提升自身的认知能力。

第三节 认知能力的测试与评价

(一)轨道列车司机的注意力测评

轨道列车司机的注意力测评旨在评估其在驾驶过程中集中注意力的能力、持久性以及在不同情境下的反应速度和准确性。轨道列车司机的注意力测评是确保其安全驾驶和高效工作的关键环节,这对于确保列车运行安全、提高运输效率具有重要意义。轨道列车司机常用的注意力测评方法如下。

1. 情景模拟测试

设计一系列模拟驾驶任务和紧急情况的场景，要求列车司机在规定时间内完成并记录其表现。这种方法可以模拟真实驾驶环境中的挑战和压力，更全面地评估司机的注意力水平和应对能力。

2. 专业仪器测试

利用脑电波检测仪、眼动追踪仪（见图6.7）等专业设备，对列车司机在驾驶过程中的大脑活动和眼球运动进行实时监测和分析。这些设备可以捕捉到司机在注意力集中时的生理反应和视觉行为特征，为注意力测评提供客观依据。

3. 量表测试法

通过一些与注意力相关的测试量表来测量列车司机的能力水平。

图6.7 眼动追踪仪

例如，采用美国约瑟夫·布洛克注意力分配与转移测试量表来进行测试，通过计算机将0~48这49个数字随机放置在一个7×7的表格当中，要求受试者由"0"开始，"0"位于方格中央，其余48个数字按照从小到大的顺序随机排列，在方格上依次把1、2、3……直到48之间所有的数字全部找出，找到数字后点击鼠标左键划掉该数字。最后，通过计算受试者的用时来评估列车司机的注意力水平。

具体的测试方法见附录3。

（二）轨道列车司机的反应能力测评

轨道列车司机的反应能力测评用于评估司机在突发情况下的反应速度和准确性，检验列车司机对紧急信号的识别和处理能力，以确保司机具备在复杂环境下保持高度警觉和迅速应对的能力，这种测评对于确保列车运行的安全性和稳定性至关重要。

轨道列车司机常用的反应能力测评方法如下。

1. 反应时间测试

反应时间是指从刺激呈现到列车司机开始做出反应所需的时间。反应时间测试需使用专业的反应时测试仪，如北大青鸟BD-Ⅱ-510A型反应时测定仪，仪器随机显示红、绿、黄、蓝光等信号，要求列车司机在看见特定颜色（如红光）时立即按下对应颜色的键。记录司机从信号出现到按键的反应时间，并进行多次测试以获取平均值。

2. 紧急情况模拟测试

通过模拟列车运行中可能遇到的紧急情况，评估列车司机的反应能力和应对措施。紧急情况模拟测试需设计多种紧急情况场景，如火灾、故障、事故等，使用情景模拟系统或虚拟现实技术，让列车司机在模拟环境中进行应对，观察并记录列车司机在模拟紧急情况下的反应速度、准确性以及应对措施的有效性。

3. 选择反应时测试

在呈现两个或两个以上刺激时，要求列车司机对不同刺激做出不同反应。选择反应时测试一般设计包含多个不同刺激元素的测试任务，要求列车司机在多个刺激中快速识别并响应特定刺激，记录列车司机的反应时间和准确性，以评估其选择反应时的能力。

具体的反应能力测试方法见附录3。

（三）轨道列车司机的学习能力测评

轨道列车司机的学习能力测评是评估司机在轨道交通领域持续学习、掌握新知识和技能的能力。这种测评对于确保司机能够应对不断变化的运营环境和提升工作绩效至关重要。

以下是轨道列车司机学习能力常用的测评方法。

1. 理论知识考核

根据轨道交通领域的专业知识和技能要求，编制标准化试卷进行测评，用于考查列车司机对轨道交通相关的理论知识（如信号系统、车辆构造、安全规章等）的掌握程度。

2. 实操技能考核

在模拟或真实的驾驶环境中，对列车司机的驾驶技能和故障处理能力进行实操考核，用于考察列车司机的各项专业技能掌握程度。

3. 认知能力测试

对与学习有关的认知能力进行测试，例如记忆力、反应速度、逻辑思维能力等。

例如，通过对数字符号的记忆与转换，测试列车司机的记忆与思维能力。提前准备10个特殊符号，每个符号对应0到9这10个数字，让列车司机在短时间训练之后，在90秒的时间内按照从左至右的顺序，将符号所对应的数字依次输入到15个方格当中，记录受试者输入正确的个数，并依据正确率来判断其学习能力。

具体的测试方法见附录3。

（四）轨道列车司机的判断能力测评

轨道列车司机的判断能力测试是评估其在工作中能否准确、迅速地对各种情况进行判断并做出正确决策的重要环节。这种测试通常包括多个方面，旨在全面考查司机的判断能力、反应速度、应急处理能力以及安全意识等。

以下是轨道列车司机判断能力常用的测评方法。

1. 理论知识测试

根据轨道交通领域的专业知识和技能要求,编制标准化试卷进行测评,包括对地面信号、机车信号以及手信号的识别和判断,对《行车组织规则》《电客车司机手册》等规章制度的掌握等,以确保列车司机在行车过程中能够准确判断并遵守信号指示,能熟练运用与掌握行车安全规定、应急处理流程。

2. 模拟驾驶测试

通过模拟列车运行中的各种突发情况(如设备故障、信号异常、天气突变等),测试司机的应急处理能力和判断能力。还可以在模拟环境中测试司机对列车速度、制动距离以及安全间隔的控制能力,确保列车在行驶过程中保持安全距离。

图 6.8 列车模拟驾驶舱

例如,在计算机软件当中模拟列车运行,在测试时,受试者将在计算机显示器上看到一列模拟列车运行一段距离后,车头进入一段隧道继续以该速度匀速运动,受试者判断列车通过隧道所需的时间,并迅速按下应答键。正式测试共 10 次,记录受试者每次速度估计的时间,并计算偏差值。偏差越小,说明受试者判断能力越好。

具体的判断能力测试方法见附录 3。

(五)轨道列车司机的作业平稳性测评

轨道列车司机的作业平稳性测评是评估列车司机在驾驶列车过程中,能否保持车辆运行稳定、安全、舒适的重要指标。这种测评通常涉及多个方面,包括但不限于驾驶技能、作业规范性、车辆控制能力以及应急处理能力等。

以下是轨道列车司机作业平稳性常用的测评方法。

1. 模拟驾驶测试

使用列车模拟驾驶系统,对列车司机进行模拟驾驶测试。通过设定不同的线路条件、信号指示和紧急情况,评估司机的驾驶技能和应急处理能力。

2. 实车操作测试

在实际线路上,让列车司机驾驶列车进行实车操作测试。通过观察司机的驾驶过程、车辆运行状态和乘客舒适度等,评估司机的作业平稳性。

3. 视频回放分析

对司机的驾驶过程进行视频录制,并通过视频回放分析列车司机的操作行为、速度控制、异常情况处理等方面的表现。

4. 乘客舒适度调查

通过问卷调查或乘客反馈等方式，收集乘客对列车运行平稳性的主观感受和评价，作为评估列车司机作业平稳性的参考依据。

具体的作业平稳性测试方法见附录。

【章节练习 6.1】

苏尔特方格训练

舒尔特方格（Schulte Grid）由美国神经心理医生舒尔特发明，用于锻炼视觉神经末梢，提升人的注意力与反应能力，是全世界空军飞行员训练的项目之一。

标准的舒尔特方格是在一张方形卡片上画上 25 个 1 厘长宽的方格，在格子内任意填写上 1 至 25 共 25 个数字。练习者以最快的速度从 1 数到 25，依次找数字，并读出声，要求速度越快越好。

在正式测试时，还需要一个人帮忙进行计时。请大家用下列的舒尔特方格进行练习与测试。

17	8	11	1	18
4	22	23	10	14
13	6	7	20	19
9	16	15	24	25
21	2	3	5	12

18	24	6	16	23
8	7	13	2	9
20	19	22	11	15
10	25	12	3	14
1	4	17	21	5

24	2	5	10	18
7	1	22	14	23
13	19	15	12	20
21	17	6	25	11
4	3	16	9	8

8	5	3	16	17
20	1	11	18	25
13	9	22	24	10
23	14	7	21	12
2	4	6	15	19

8	12	1	7	25
19	18	15	20	22
24	10	14	6	2
16	13	5	11	9
21	4	17	3	23

8	7	18	22	4
19	25	16	3	13
17	5	11	20	21
23	12	24	1	10
2	15	14	6	9

图 6.9 舒尔特方格

根据舒尔特方格测试的标准，18 岁以上的成年人完成 25 格测试的时间如下：

优秀：12 秒内。

良好：13~16 秒。

中等：17~19 秒。

及格：20 秒以内。

第七章　心理适应与行车安全

【知识目标】

◇ 了解心理适应的概念与过程
◇ 了解心理适应问题的概念、表现与成因
◇ 掌握列车司机心理适应问题的表现
◇ 理解心理适应问题对行车安全的影响
◇ 掌握心理调适的方法

【能力目标】

◇ 能够调适自身心理适应问题
◇ 能够对自身心理适应问题进行测试与评价

【关键概念】

◇ 心理适应、心理适应问题、心理调适、心理适应测试

【知识框架】

```
                                    ┌── 心理适应的概念
                    ┌── 认识心理适应 ──┼── 心理适应的过程
                    │                 └── 心理适应问题
                    │
心理适应             │                          ┌── 轨道列车司机的心理适应问题
与行车    ──────────┼── 轨道列车司机的心理调适 ──┼── 心理适应问题对行车安全的影响
安全                │                          └── 轨道列车司机的心理调适办法
                    │
                    │                              ┌── 心理适应测试
                    └── 轨道列车司机的心理适应测试 ──┤
                                                  └── 轨道列车司机的心理适应测试
```

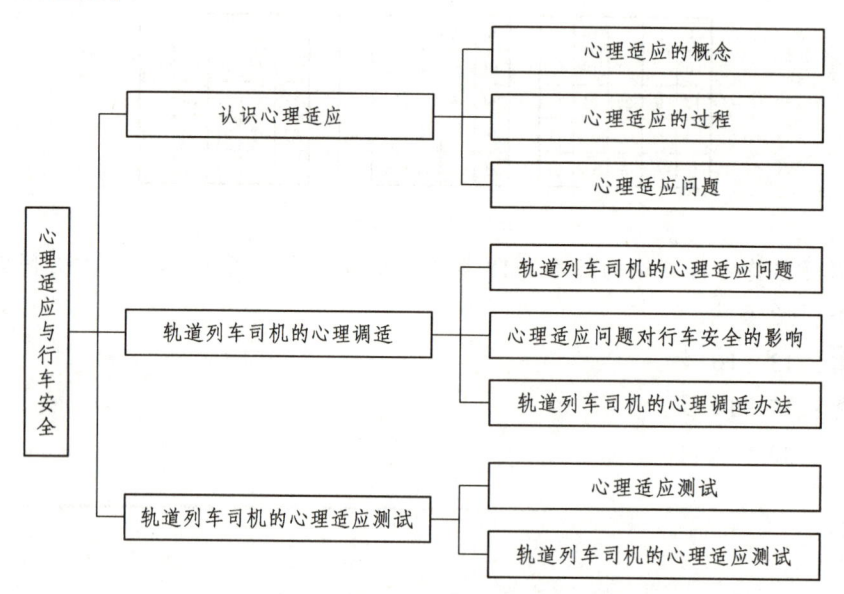

图 7.1　第七章知识框架图

第一节　认识心理适应

（一）心理适应的概念

当人所处的环境发生变化时，尤其是在这些变化较为剧烈或不可预测时，环境的改变会打破原有的心理平衡状态，导致个体产生一系列的心理反应，甚至出现心理问题，需要个体进行心理调整以适应新环境。

心理适应（Psychological Adaptation）是指当外部环境发生变化时，主体通过自我调节系统做出能动反应，使自己的心理活动和行为方式更加符合环境变化和自身发展的要求，使主体与环境达到新的平衡的过程。

心理适应不仅仅是对外部环境的被动反应，更是一种积极的、主动的自我调整过程。它要求个体具备足够的心理韧性、应对能力和自我调节能力，以应对各种挑战和不确定性。在适应过程中，个体可能会经历一系列的心理变化，包括认知重构、情绪调节、行为调整等，以更好地适应新的环境要求。

心理适应对个体的生存和发展具有重要意义。一个人能否尽快地适应新环境，能否处理好复杂、重大或危急的特殊情况，与其心理适应性高低有很直接的关系。心理适应能力强的人通常能够更好地应对生活中的挑战和压力，保持身心健康和积极向上的生活态度。

（二）心理适应的过程

心理适应是一个复杂而动态的心理变化过程，它涉及个体在面对环境变化时，通过一系列的心理调节和行为反应来重新达到心理平衡的状态。

心理适应过程通常包括以下几个主要阶段。

1. 认知评估

当个体感知到环境变化时，首先会进行认知评估，确定外部环境中发生了哪些新变化，提出了哪些新要求，以及这些变化和要求对自身发展所产生的影响。这意味着个体会对新的环境或情境进行初步的理解和解释，以判断这一变化对自己的意义和潜在的影响。

2. 情感反应

紧接着，个体会产生相应的情感反应，这些情感可能是积极的（如兴奋、期待），也可能是消极的（如焦虑、恐惧）。情感反应是个体对环境变化主观感受的体现，它会影响个体的后续行为和应对策略。

3. 应对策略的制定与实施

在认识到环境变化并产生相应的情感反应后，个体会开始制定应对策略。这些策略可能包括直接解决问题、寻求支持、调整期望、改变行为方式等。制定好策略后，个体会开始实施它们，以减轻环境变化带来的压力和不适感。

4. 行为调整

在应对策略的实施过程中，个体会根据反馈进行行为调整，这是心理适应过程中的关键一步，它涉及对原有行为方式的调整与改变。在此期间，个体会不断观察自己的行为和结果，并根据需要调整自己的策略和行为方式，这种调整可能是渐进的，也可能是突然的，取决于环境变化的程度和个体的适应能力。

5. 心理重构与平衡

经过一段时间的应对策略实施和行为调整后，个体通常会逐渐适应新的环境或情境。这时，个体会进行心理重构，即重新评估自己的价值观、信念和期望，以适应新的环境要求。随着心理重构的完成，个体会重新达到心理平衡的状态，恢复正常的心理功能和行为表现。

需要注意的是，心理适应的过程并不是线性的或一成不变的，它可能包含多个循环和反复，因为个体在适应过程中可能会遇到新的挑战和困难。此外，不同个体的心理适应能力存在差异，这会影响他们适应环境的速度和效果。因此，在心理适应过程中，个体需要保持耐心和灵活性，不断调整自己的策略和行为方式，以适应不断变化的环境要求。

（三）心理适应问题

1. 心理适应问题的概念

心理适应问题是个体在适应环境过程中可能遇到的重要挑战之一，对人们的生活、工作、学习等方面都会带来较大影响。

心理适应问题（Psychological Adaptation Issues）是指个体在面对新的或变化的环境、情境、任务或人际关系时，所遇到的心理困扰和挑战，以及由此产生的心理不适和调适困难。

心理适应是个体适应周围环境的能力的体现，一个人能否尽快地适应新环境，能否处理好复杂、重大或危急的特殊情况，与他心理适应性高低有很直接的关系。心理适应是心理健康的重要标志，也是个体应对生活挑战和变化的重要能力。

2. 心理适应问题的表现

心理适应问题可能涉及情感、认知、行为等多个方面，影响个体的心理健康和生活质量，其表现具体可以归纳为以下几个方面。

（1）情绪困扰。

出现焦虑、抑郁、愤怒、沮丧等负面情绪，如对未来事件或不确定性感到过度担忧和恐惧；长时间的情绪低落，失去兴趣和活力，感到无助和绝望；情绪反应增强，容易因小事而生气或发脾气，情绪状态不稳定，时而高涨时而低落。

（2）认知障碍。

出现认知能力下降的现象，如注意力不集中，难以集中精神完成任务或活动；记忆力减退，忘记重要信息或经历；频繁出现消极、悲观的想法，对事物持怀疑态度，面对选择时犹豫不决，难以做出决定。

（3）行为问题。

出现逃避、退缩行为，避免面对问题或挑战，选择逃避或拖延，减少社交活动，与他人保持距离；对他人或环境表现出攻击性，容易发脾气或争吵；养成或增加不良习惯，如过度饮酒、吸烟、暴饮暴食等。

（4）生理反应。

长期的心理适应问题还可能导致生理上的不适，如入睡困难、早醒、睡眠浅或过多；感到持续的身体疲劳和无力感；食欲减退或过度进食，导致体重波动；头痛、背痛等。

（5）心理防御机制。

呈现否认、抗拒、通行等心理防御机制，如拒绝承认或接受现实中的问题或困境，并为自己的行为或情况寻找不合理的解释或理由；将自己的不良感受或动机归咎于他人；表现出与年龄不符的幼稚行为或情绪反应等。

【课堂讨论 7.1】

大学生的心理适应问题

大学生进入大学阶段时往往面临多种挑战，需要适应新的校园环境、宿舍生活、社交圈子等，这种环境的突然变化可能导致部分大学生出现各种心理适应问题。

请回忆一下自己进入大学期间的心理变化，想一想大学生会出现哪些心理适应问题？出现心理适应问题后是如何应对的？

以小组为单位进行讨论，并将讨论结果写于下方。

（1）_____

（2）_____

（3）_____

3. 心理适应问题的成因

心理适应问题的成因复杂多样，主要包括以下几个方面。

（1）环境变化。

环境变化是个体心理适应问题的重要成因之一。当个体面临生活环境、工作环境、学习环境的突然变化，如搬家、转学、工作变动等，需要适应新的生活方式、社交圈子和文化环境。这种变化可能带来一系列的挑战和压力，导致个体出现适应障碍。环境变化可能包括物理环境、社会环境和心理环境的改变，这些变化都可能对个体的心理适应能力产生影响。

（2）人际关系。

人际关系是影响个体心理适应的另一个重要因素。个体在社会中需要与他人建立联系和互动，形成一定的人际关系网络，当人际关系出现问题，如冲突、孤立、孤独或社交困难时，个体可能会感到不安和焦虑，从而影响其心理适应。此外，人际关系的质量也会影响个体的心理健康和幸福感，良好的人际关系有助于个体更好地应对生活中的挑战和压力。

（3）生活事件。

生活事件是指个体生活中发生的重大事件，如亲人去世、离婚、失业、重大疾病等。这些事件往往对个体产生深远的影响，导致个体出现心理适应问题。生活事件可能引发个体的情绪波动、认知改变和行为调整，从而影响其心理健康和适应能力。应对生活事件需要个体具备一定的心理韧性和应对能力，以减轻事件带来的负面影响。

（4）个体特征。

个体特征包括遗传素质、生理特点、心理特质和认知方式等多个方面。这些特征可能影响个体对环境的敏感性和适应能力，从而决定了个体在面对新环境或挑战时的反应和应对策略。例如，具有积极心理特质和良好认知方式的个体更有可能成功地应对心理适应问题，而具有消极心理特质和不良认知方式的个体则可能更容易出现适应障碍。

第二节　轨道列车司机的心理调适

（一）轨道列车司机的心理适应问题

轨道列车司机的心理适应问题与他们的工作性质与社会环境息息相关，列车司机肩负确保乘客安全的重要责任，在驾车过程中必须高度集中精神，并且时常要长时间地承受各方面的压力，部分心理自我调节能力差的列车司机可能会出现各类心理不适症状。

近年来，列车司机的心理状况日益得到关注，研究显示，列车司机可能出现的心理适应问题表现如下。

1. 情绪不稳定

情绪不稳定（Emotional Instability）是指情绪反应的强度、速度和持续时间与刺激事件的性质和强度不相称，或者在没有明显刺激的情况下，情绪反应也会发生显著变化。

轨道列车司机因工作环境相对单一，且需要神经时刻保持紧绷，久而久之会出现情绪不稳定的问题，其具体表现如下。

（1）负面情绪长期侵扰。

列车司机在工作过程中可能长期处于愤怒、焦虑、沮丧、厌倦、紧张等负面情绪中，会导致神经系统功能紊乱，破坏个人生理平衡，增加患病风险，并降低其工作效率。

（2）情绪波动明显。

列车司机可能出现情绪起伏大，情绪波动明显的状况，对乘客或同事的询问表现出不耐烦或易怒，对乘客的需求漠不关心，甚至表现出轻蔑的态度等。

当轨道列车司机出现情绪不稳定的问题时，可能会对他们的驾驶行为产生负面影响，增加事故风险，因此，轨道运营企业应该采取相应措施来保障列车司机的情绪稳定和工作安全。

2. 认知功能下降

认知功能下降（Cognitive Decline）是指个体的记忆、语言、推理等各个方面表现出明显、可测量的下降或异常。

轨道列车司机由于长期面临工作压力、疲劳驾驶、睡眠不足等，可能导致出现认知功能有所下降的问题，具体体现如下。

（1）注意力不集中。

列车司机在驾驶过程中可能无法集中注意力，对周围环境的感知和反应能力下降。

（2）反应速度减慢。

在面对突发情况时，列车司机的反应速度可能变慢，无法及时做出正确的判断和决策。

（3）记忆力下降。

列车司机可能出现记忆力减退的情况，如忘记路线、信号等信息，影响驾驶安全。

轨道列车司机在高压、疲劳等特定情况下可能出现认知功能下降的情况，这对驾驶安全和乘客生命财产构成严重威胁。为了缓解这一问题，需要采取一系列措施，如合理安排工作时间、提供充足的休息时间、加强心理健康支持等，以确保司机在最佳状态下工作。

3. 行为障碍

行为障碍（Behavior Disorder）指个体在行为上出现的异常或功能障碍。

行为障碍可以表现为对自身行为的失控，如过度或不足的行为表现，或者出现与周围环境不协调的行为模式。

轨道列车司机长期从事重复性驾驶工作,并且工作时间不规律,生物钟容易打乱,从而导致一定的行为障碍,具体表现如下。

(1)睡眠障碍。

由于工作需要,轨道列车司机可能经常需要倒班或熬夜,这种不规律的作息时间会打乱他们的生物钟,导致睡眠障碍。睡眠障碍可能表现为入睡困难、睡眠浅、易醒、早醒等。长期存在睡眠障碍的司机可能会出现白天疲倦、嗜睡、注意力分散、记忆力减退等症状。

(2)强迫行为。

列车司机因长期保持规定动作,形成身体与心理的惯性,从而产生强迫行为。他们可能会反复检查列车状态、车门是否关紧等,即使已经确认无误,仍难以放心。他们明知这些观念或行为是不必要的,但无法摆脱,因此感到苦恼和焦虑。

除此之外,长期的心理适应问题还可能引发一系列生理反应,如失眠、头痛、心悸等,需要轨道企业给予高度重视,并通过加强心理咨询与培训、优化工作环境、完善应急处置机制,有效缓解司机的心理压力和适应问题,保障列车的安全运行和列车司机的身心健康。

【拓展阅读7.1】

地铁司机一天2000次的"神秘手势"

"手指口呼"最早源于铁路上的"指差确认","指差确认"原为铁路专门使用的安全动作,即以手指指着物件,口诵确认,心手并用。后来被运用于地铁行业,生成了一个行业专属的新称谓——"手指口呼"。

地铁行业的"手指口呼"是一种通过协调身体各感官,包含视觉、身体动作、口诵及听觉、大脑意识,即实现眼到、手到、口到、心到,提高操作时的注意力以达成标准作业的方法。同时也可以使司机在长时间单调的隧道驾驶作业中,大大降低因疲劳产生倦怠感,从而确保地铁行车安全。

无锡地铁对电客车司机的"手指口呼"有明确规定:每当司机确认信号机、道岔、进路、车站站名标、报站、列车状态、驾驶模式、列车速度、广播,在列车和线路上进行一切有关行车的操作确认时都需要进行"手指口呼",每个地铁司机平均一趟车下来"手指口呼"次数达到百余次,一天下来

图7.2 手指口呼

平均"手指口呼"次数多达 2000 次。不仅仅是在乘客可以看见的站台端墙门里立岗时需要手指口呼，当列车穿行在黑暗的隧道中，在乘客看不见的司机室里，他们一样需要手指口呼。

手指口呼动作虽然简单，但是他们每天都要重复上千次，看着枯燥乏味，但是却处处守护着行车安全。这一套流程化的动作背后，是无锡地铁对行车安全的认真执着，也是乘务司机作为行车安全第一道防线对岗位的坚守，每一次手指口呼，司机们都必须认真严谨地执行。他们用扎实的业务技能和真诚的服务，保障地铁安全平稳运行，守护每一位乘客的平安出行。

——引自《无锡博报》

（二）心理适应问题对行车安全的影响

轨道列车司机的心理适应问题对其行车安全的影响极其显著，它直接关系到列车司机的驾驶状态、决策能力和应急反应，进而影响整个行车过程的安全性。

1. 影响列车司机的驾驶专注度

心理适应问题会影响轨道列车司机的驾驶专注度，当轨道列车司机出现心理不适时，他们的注意力可能会受到影响，变得难以集中。这些问题可能导致司机在驾驶过程中分心，无法专注于观察道路状况、交通信号和其他车辆动态，从而增加了潜在的安全风险。

例如，轨道列车司机长期面对高强度的工作压力，长期的心理压力和不良情绪状态可能导致列车司机感到心理疲劳和厌倦。在这种心理状态下，司机的专注度会显著下降，他们可能无法保持长时间的专注驾驶，这增加了行车中的不确定性。

2. 影响列车司机的驾驶决策与行为

心理适应问题对轨道列车司机的驾驶决策与行为有着重要的影响，当轨道列车司机面临心理问题或障碍时，他们的决策过程可能会受到干扰，这些问题可能导致司机在评估行车环境、判断风险和选择最佳行动方案时产生偏差，从而做出不准确的驾驶决策。

心理适应性强的列车司机通常能够保持良好的驾驶技能和习惯，遵守行车安全规则，而心理健康问题可能导致司机的驾驶行为变得不稳定，他们可能会在驾驶过程中出现不连贯、冲动或犹豫的行为，这些行为都可能对行车安全造成威胁。

例如，当司机处于负面情绪状态时，他们可能会变得分心、冲动或犹豫不决，这可能导致操作失误，如错误的信号控制、不当的制动操作或超速行驶等。

3. 影响列车司机对风险的感知与判断

心理适应问题会影响轨道列车司机对风险的感知与判断，心理适应性强的司机通常具有更强的安全意识，能够更好地遵守行车规则和操作规范，对风险有着良好的预判。然而，心理不适可能导致司机对安全规则的忽视或违反，增加行车风险。

例如，焦虑和压力可能导致司机的反应时间延长，在紧急情况下，司机需要迅速做出反应以应对风险。然而，这些心理不适可能使司机在感知到风险到采取行动之间存在延迟，这增加了事故发生的可能性。

心理适应对行车安全具有至关重要的影响，为了提高行车安全性，列车司机应关注自身的心理适应状况，积极采取措施缓解压力、保持情绪稳定、提高风险感知和判断能力。同时，相关部门也应加强对驾驶员心理调适的教育和培训，提高司机的心理健康水平，降低事故风险。

（三）轨道列车司机的心理调适办法

心理调适（Mental Adjustment）也称心理调节，指个体在面对内外环境变化时所采用的认知、情绪、行为等方面的调节策略，旨在实现心理平衡、减少压力、提高适应能力和生活满意度。

心理调适对于个人的整体健康和幸福感具有重要影响，通过心理调适，个体能够更好地应对生活中的挑战和压力，保持积极向上的心态，从而过上更加健康、幸福和充实的生活。

轨道列车司机作为一项高压力、高责任的职业，其工作涉及众多乘客的安全，因此需要通过心理调适来保持心理健康，以确保轨道交通行车的安全。

1. 自我调适

自我调适（Self-Adjustment）是通过自我调节机制来保持心理的平衡和稳定的调适方法。

对于轨道列车司机来说，自我调适尤为重要，它可以让列车司机遇到心理障碍或心理问题时，能够快速地保持心理的稳定，从而确保乘客的安全和列车的正常运行。

自我调适的常用方法如下：

（1）情绪管理。

识别并接受情绪，当感到焦虑、紧张或不安时，首先识别这些情绪并接受它们的存在，不要过度抵制或否认负面情绪。在安全的环境下，以合适的方式表达自己的情绪，如写日记、绘画或与信任的人分享等。

（2）积极自我暗示。

鼓励自己，使用积极的语言来增强自信心，如"我能够应对这个挑战"。心理学研究表明，暗示对人的心理活动和行为具有显著的影响，自我的内部语言可以抑制不好的心理和行为。

（3）掌握放松技巧。

学习使用深呼吸、冥想、渐进式肌肉放松训练等技巧来调节情绪，这些练习有助于平衡身心，促进放松，使自己保持冷静和镇定。

（4）保持健康生活方式。

保持规律的作息，确保充足的睡眠时间。进行适度的体育锻炼，如散步、跑步或瑜伽，以缓解工作压力和增强身体健康。注意饮食健康，避免过度依赖咖啡因或糖分等刺激性物质。

（5）培养兴趣爱好。

在工作之余，培养一些兴趣爱好，如阅读、听音乐、旅游等，以转移注意力，放松心情。

【拓展阅读 7.2】

渐进式肌肉放松训练

渐进式肌肉放松训练是一种逐渐的、有序的、使肌肉先紧张后放松的训练方法。这种训练方法通过使肌肉先收缩后放松，以达到心理和身体的放松状态，对改善身心健康具有显著效果。

渐进式肌肉放松训练需要找一个安静的场所，并松开紧身衣物，脱掉鞋帽，坐姿放松，做好准备工作。

具体训练步骤如下：

第一步，深呼吸。深吸一口气到腹部，然后慢慢地呼出，重复 3 次。呼气时，想象全身的紧张感开始消失。

第二步，肌肉紧张与放松。从头部开始，逐渐向下至脚趾，依次紧张并放松每个部位的肌肉群。每个部位的肌肉紧张保持 5～10 秒，然后放松 15～20 秒。

图 7.3　渐进式肌肉放松训练

第三步，紧皱眉头，保持约 10 秒后放松。

第四步，闭上双眼，转动眼球，保持一段时间后放松。

第五步，皱起鼻子和脸颊部肌肉，保持约 10 秒后放松。

第六步，紧闭双唇，使唇部肌肉紧张，保持约 10 秒后放松。

第七步，双手握拳，使双手和双前臂肌肉紧张，保持约 10 秒后放松。

第八步，依次紧张并放松双臂、肩膀、胸部、腹部、背部、臀部、大腿、小腿和脚趾等部位的肌肉群。

在进行训练时，保持呼吸均匀，不要过度用力以免受伤，注意体验肌肉紧张和放松时的不同感觉，加深对放松状态的认识。

2. 心理素质培训

针对列车司机心理存在的共性问题，通过心理素质培训，进行有效的沟通与疏导，让列车司机了解心理健康规律，学会心理问题的调节方法，正确评估自身能力素质和职业环境的差异，减少心理问题的发生。

（1）心理健康教育。

定期为司机提供心理健康教育课程，帮助他们了解心理健康的重要性，掌握基本的心理调适方法。

（2）应急处理培训。

加强应急处理能力的培训，确保司机在遇到突发情况时能够迅速、准确地做出反应，减少心理压力。

（3）抗压能力训练。

通过模拟各种压力情境，帮助司机提升抗压能力和心理韧性，学会在高压环境下保持冷静和专注。

3. 提供心理支持

当列车司机面对心理压力或心理障碍时，可以为其提供必要的心理支持网络，通过同事、朋友、专业人士的支持与关爱，提升其心理调适的能力。

寻求心理支持途径如下：

（1）设立心理咨询室。

在轨道交通系统中设立心理咨询室，为列车司机提供专业的心理咨询和心理支持服务。

（2）建立心理援助热线。

设立心理援助热线，方便司机在遇到心理困扰时及时寻求帮助，解决其遇到的心理问题。

（3）建立良好人际关系网络。

鼓励司机们建立良好的人际关系，定期组织团建活动，互相分享工作心得和感受，以获得理解和支持，减轻心理压力。通过同事之间的互相鼓励和支持，能有效应对工作中的挑战和心理压力。

4. 优化工作环境

社会心理学的许多研究表明，一个人某种心态的形成和改变，与其所处的环境提供的相关信息有很大的关系。对于列车司机来说，他们的心态不仅受单位环境的影响，还受社会大环境的影响。因此，轨道企业应当努力营造有利于提升列车司机心理健康的工作环境与氛围，减轻列车司机们的心理压力，具体的措施如下：

（1）改善驾驶环境。

尽量为司机提供舒适、安静的驾驶环境，减少噪声、光线等外界因素的干扰。

（2）合理安排班次。

根据司机的实际情况，合理安排班次和休息时间，避免长时间连续工作导致疲劳积累。

（3）增加团队交流。

鼓励司机之间的交流和合作，建立良好的团队氛围，有助于缓解孤独感和压力感。

（4）塑造良好的组织环境。

塑造良好的组织环境，营造积极、健康、向上的企业文化，营造团结协作的工作氛围。

心理调适是一个综合性的过程，需要个体在日常生活中不断运用各种方法和技巧来维护和提升自己的心理健康水平。

【拓展阅读 7.3】

武汉地铁："E 心关爱"让幸福起航

武汉地铁于 2018 年启动了"E 心关爱"品牌创建工作，全面推动员工心理健康体系建设，其中"E"指"员工帮助计划"（即 EAP）。"E 心关爱"有助于员工心理帮扶，拓展至团队赋能，深化人才队伍建设，为幸福企业建设做出贡献。

"'E 心关爱'最大的困难其实是员工的心理健康意识不足，有的员工不愿承认自己存在情绪或心理上的问题，有的员工出于不信任或是羞于将真实情绪展示给他人，还有的员工不认可这项工作的意义。"武汉地铁教育培训中心人员说："如何让员工接受，实现'心理破冰'，我们想了很多办法。"

举办主题讲座、专业培训，开展形式多样的宣传，以员工案例为原型拍摄宣传片，引入心理咨询服务，编制心理健康手册，搭建员工心理关爱网络平台……短短一年多时间，"E 心关爱"在武汉地铁员工中收获了良好反响，员工的心理健康意识增强了，主动来寻求心理帮助的员工越来越多。工作和生活中的负面情绪少了，服务中的笑容多了，"微笑服务"理念得到进一步夯实。

安静的环境、轻松的氛围，在武汉地铁运营有限公司，几名员工围坐在一起，在心理辅导员的引导下，体验心理沙盘游戏、开展心理绘画……这是他们每周五的"午后心里话"活动。

从负面情绪的有效疏导到积极心态的建立，事实证明，"E 心关爱"工作的开展给予了员工更多心理支持。"心能量"的持续注入，让员工的服务水平和工作状态也得到普遍提升。越来越多的员工变身成为传递幸福的"摆渡人"，推动着地铁运营服务工作更加暖心、贴心。

目前,武汉地铁帮助全体员工建立了心理健康意识,帮助约70%的员工提升应对心理问题的能力,为千余名员工及其家属提供了免费的心理帮扶。

武汉地铁管理人员感慨道:"员工的心理健康水平提升了,他们的凝聚力增强了,企业才更有活力,运营安全和服务提升才更有保障。"

——引自《中国交通报》

第三节 轨道列车司机的心理适应测试

轨道列车司机作为交通运输领域的关键职业,面临着多重压力和挑战,这些压力和挑战往往会导致他们出现心理健康问题。为了保障他们的心理健康,可通过定期的心理健康监测,以及适当的心理调适来应对这些压力和挑战,保持身心健康和积极的工作状态。

(一)心理适应测试

1. 心理适应测试的概念

心理适应测试(Mental Health Test)是心理测试的一个分支,旨在通过一系列标准化的测量工具来评估个体在面对困难、压力和变化时的适应能力,发现其潜在的心理问题。

测试可以帮助个体了解自己的心理适应能力,发现潜在的心理问题,从而及时采取措施进行调整和改善。同时,测试还能为个体提供个性化的建议和指导,帮助其提高心理适应能力。

心理适应测试有助于了解不同群体的心理健康状况,为制定相关政策和措施提供依据。例如,针对大学生、企业员工等特定群体进行心理适应测试,可以及时发现并解决他们的心理问题,促进社会的和谐稳定。

2. 常用的心理适应测试量表

(1)症状自评量表(Symptom Check List-90,SCL-90)。

症状自评量表是一种被广泛应用的心理健康评估量表,也称为90项症状清单,是由德瑞葛帝(Derogatis)等人编制于1973年的自评量表。SCL-90量表共有90个项目,可以从躯体化、强迫症状、人际关系、抑郁、焦虑、敌对、恐怖、偏执、精神病性、饮食睡眠等多个维度进行心理症状方面的诊断。

（2）焦虑自评量表（Self-Rating Anxiety Scale，SAS）。

焦虑自评量表是一种用于评估患者焦虑症状严重程度及其在治疗中变化的自评工具。该量表由美国杜克大学威廉·庄教授（William W. K. Zung）于1971年编制，适用于具有焦虑症状的成年人，主要用于疗效评估，不能用于诊断。焦虑自评量表包含20个项目，这些项目涵盖了焦虑症患者可能具有的焦虑症状，包括心理、情绪以及躯体症状。

（3）抑郁自评量表（Self-Rating Depression Scale，SDS）。

抑郁自评量表主要用于评估个体是否存在抑郁症状以及症状的严重程度。该量表由美国杜克大学教授威廉·庄教授（William W. K. Zung）于1965年开发，量表包含20个条目，这些条目涵盖了抑郁症状的各个方面，如情绪、兴趣、睡眠、食欲、精力等，每个条目都是基于个体最近一周内的感受进行回答，通过询问个体在这些方面的具体状况来评估其抑郁症状。

（4）生活事件量表（Life Event Scale，LES）。

生活事件量表是一种用于评估个体在一定时期内经历的生活事件及其影响的心理测量工具。生活事件量表有多个版本，其中较为著名的是由杨德森和张亚林于1986年编制的版本。生活事件量表包含了48个项目，分为正性生活事件、负性生活事件和家庭、工作学习、社交及其他方面的事件。

（5）简易应对方式量表（Simplified Coping Style Questionnaire，SCSQ）。

简易应对方式量表是一种常用的心理评估工具，主要用于评估个体在面临困难或挫折时所采取的应对态度和做法，具有较高的信度和效度，是评估心理适应性的重要工具之一。该量表由解亚宁等人在1998年编制，共包含20个条目，分为两个维度：积极应对和消极应对。

（二）轨道列车司机的心理适应测试

轨道列车司机的心理适应测试旨在了解司机的心理适应状况、心理特征和行为，通过测试，可以及时发现司机的心理问题，提供必要的心理支持和心理干预，对于保障轨道交通的安全运行具有重要意义。

SCL-90是轨道列车司机进行心理适应测试时最为常用的心理量表，因其能够在躯体化、强迫症状、人际关系敏感、抑郁、焦虑、敌对、恐怖等多个方面全面评估列车司机的心理症状和心理健康状况，在中国应用广泛，测评结果较为科学有效。

SCL-90是世界上最著名的心理健康测试量表之一，也是使用最为广泛的精神障碍和心理疾病门诊检查量表。在国外应用甚广后，于20世纪80年代传入中国，并由王征宇（1984）翻译成中文，之后，金华、吴文源、张明园等主持的全国协作组在国内13个地区进行了采样并制定常模，使其成为国内用于成人群体心理状况调查使用得最多的工具之一。

SCL-90 包含 90 个条目，分为 10 个不同的症状群，即 10 个分量表，分别对应 10 个因子。

SCL-90 的 10 个因子包括：

（1）躯体化。

该因子主要反映身体不适感，包括心血管、胃肠道、呼吸和其他系统的主诉不适和头痛、背痛、肌肉酸痛，以及焦虑的其他躯体表现。

（2）强迫症状。

该因子主要指那些明知没有必要，但又无法摆脱的无意义的思想、冲动和行为，还有一些比较一般的认知障碍的行为征象。

（3）人际关系敏感。

该因子主要指某些个人不自在与自卑感，特别是与其他人相比较时更加突出。在人际交往中的自卑感、心神不安、明显不自在，以及人际交流中的自我意识，消极的期待亦是这方面症状的典型原因。

（4）抑郁。

该因子指以苦闷的情感与心境为代表性的症状，以生活兴趣的减退，动力缺乏，活力丧失等为特征。还反映失望，悲观以及与抑郁相联系的认知和躯体方面的感受，另外，还包括有关死亡的思想和自杀观念。

（5）焦虑。

该因子一般指那些烦躁，坐立不安，神经过敏，紧张以及由此产生的躯体征象，如震颤等。测定游离不定的焦虑及惊恐发作是本因子的主要内容，还包括一项解体感受的项目。

（6）敌对。

该因子主要从三方面来反映敌对的表现：思想、感情及行为。其项目包括厌烦的感觉，摔物，争论直到不可控制的脾气暴发等各方面。

（7）恐怖。

该因子的恐惧的对象包括出门旅行，空旷场地，人群或公共场所和交通工具。此外，还有反映社交恐怖的一些项目。

（8）偏执。

该因子是围绕偏执性思维的基本特征而制订的，主要指投射性思维，敌对，猜疑，关系观念，妄想，被动体验和夸大等。

（9）精神病性。

该因子反映各式各样的急性症状和行为，严重的精神病性过程的指征。此外，也可以反映精神病性行为的继发征兆和分裂性限定不生活方式的指征。

（10）其他。

该因子反映睡眠及饮食情况。

症状自评量表内容具体见"章节练习 7.1",请大家在指导老师的带领下,按照测试要求完成 SCL-90 心理测试,并对自身心理适应状况进行具体分析。

【章节练习 7.1】

症状自评量表（SCL-90）

您好:请您根据最近一周以来自己的实际情况,选择最符合您的一项,并在每题后的 5 个方格中选择一格,并标记。然后将每题得分填在测验后相应题号的评分栏中,其中"没有"记 0 分,"轻度"记 1 分,"中度"记 2 分,"偏重"记 3 分,"严重"记 4 分,具体标准如下。

0——没有:自觉无该症状（问题）;
1——轻度:自觉有该症状,但对受测者并无实际影响,或影响轻微;
2——中度:自觉有该症状,对受测者有一定影响;
3——偏重:自觉常有该症状,对受测者有相当程度的影响;
4——严重:自觉该症状的频度和强度都十分严重,对受测者的影响严重。

表 7.1 症状自评量表

题 项	没有	轻度	中度	偏重	严重
1. 头痛	0	1	2	3	4
2. 神经过敏,心中不踏实	0	1	2	3	4
3. 头脑中有不必要的想法或字句盘旋	0	1	2	3	4
4. 头晕或晕倒	0	1	2	3	4
5. 对异性的兴趣减退	0	1	2	3	4
6. 对旁人责备求全	0	1	2	3	4
7. 感到别人能控制您的思想	0	1	2	3	4
8. 责怪别人制造麻烦	0	1	2	3	4
9. 忘性大	0	1	2	3	4
10. 担心自己的衣饰整齐及仪态的端正	0	1	2	3	4
11. 容易烦恼和激动	0	1	2	3	4
12. 胸痛	0	1	2	3	4
13. 害怕空旷的场所或街道	0	1	2	3	4
14. 感到自己的精力下降,活动减慢	0	1	2	3	4
15. 想结束自己的生命	0	1	2	3	4

题　项	没有	轻度	中度	偏重	严重
16. 听到旁人听不到的声音	0	1	2	3	4
17. 发抖	0	1	2	3	4
18. 感到大多数人都不可信任	0	1	2	3	4
19. 胃口不好	0	1	2	3	4
20. 容易哭泣	0	1	2	3	4
21. 同异性相处时感到害羞不自在	0	1	2	3	4
22. 感到受骗、中了圈套或有人想抓住您	0	1	2	3	4
23. 无缘无故地突然感到害怕	0	1	2	3	4
24. 自己不能控制地发脾气	0	1	2	3	4
25. 怕单独出门	0	1	2	3	4
26. 经常责怪自己	0	1	2	3	4
27. 腰痛	0	1	2	3	4
28. 感到难以完成任务	0	1	2	3	4
29. 感到孤独	0	1	2	3	4
30. 感到苦闷	0	1	2	3	4
31. 过分担忧	0	1	2	3	4
32. 对事物不感兴趣	0	1	2	3	4
33. 感到害怕	0	1	2	3	4
34. 感情容易受到伤害	0	1	2	3	4
35. 旁人能知道您的私下想法	0	1	2	3	4
36. 感到别人不理解您、不同情您	0	1	2	3	4
37. 感到人们对您不友好，不喜欢您	0	1	2	3	4
38. 做事必须做得很慢以保证做得正确	0	1	2	3	4
39. 心跳得很厉害	0	1	2	3	4
40. 恶心或胃部不舒服	0	1	2	3	4
41. 感到比不上他人	0	1	2	3	4
42. 肌肉酸痛	0	1	2	3	4
43. 感到有人在监视您、谈论您	0	1	2	3	4
44. 难以入睡	0	1	2	3	4
45. 做事必须反复检查	0	1	2	3	4
46. 难以作出决定	0	1	2	3	4
47. 怕乘电车、公共汽车、地铁或火车	0	1	2	3	4

题 项	没有	轻度	中度	偏重	严重
48. 呼吸有困难	0	1	2	3	4
49. 一阵阵发冷或发热	0	1	2	3	4
50. 因为感到害怕而避开某些东西、场合或活动	0	1	2	3	4
51. 脑子变空了	0	1	2	3	4
52. 身体发麻或刺痛	0	1	2	3	4
53. 喉咙有梗塞感	0	1	2	3	4
54. 感到没有前途没有希望	0	1	2	3	4
55. 不能集中注意力	0	1	2	3	4
56. 感到身体的某一部分软弱无力	0	1	2	3	4
57. 感到紧张或容易紧张	0	1	2	3	4
58. 感到手或脚发重	0	1	2	3	4
59. 想到死亡	0	1	2	3	4
60. 吃得太多	0	1	2	3	4
61. 当别人看着您或谈论您时感到不自在	0	1	2	3	4
62. 有一些不属于您自己的想法	0	1	2	3	4
63. 有想打人或伤害他人的冲动	0	1	2	3	4
64. 醒得太早	0	1	2	3	4
65. 必须反复洗手、点数目或触摸某些东西	0	1	2	3	4
66. 睡得不稳不深	0	1	2	3	4
67. 有想摔坏或破坏东西的冲动	0	1	2	3	4
68. 有一些别人没有的想法或念头	0	1	2	3	4
69. 感到对别人神经过敏	0	1	2	3	4
70. 在商店或电影等人多的地方感到不自在	0	1	2	3	4
71. 感到任何事情都很困难	0	1	2	3	4
72. 一阵阵恐惧或惊恐	0	1	2	3	4
73. 感到在公共场合吃东西很不舒服	0	1	2	3	4
74. 经常与人争论	0	1	2	3	4
75. 单独一人时神经很紧张	0	1	2	3	4
76. 别人对您的成绩没有作出恰当的评价	0	1	2	3	4
77. 即使和别人在一起也感到孤单	0	1	2	3	4

续表

题 项	没有	轻度	中度	偏重	严重
78. 感到坐立不安心神不定	0	1	2	3	4
79. 感到自己没有什么价值	0	1	2	3	4
80. 感到熟悉的东西变成陌生或不像是真的	0	1	2	3	4
81. 大叫或摔东西	0	1	2	3	4
82. 害怕会在公共场合晕倒	0	1	2	3	4
83. 感到别人想占您的便宜	0	1	2	3	4
84. 为一些有关"性"的想法而很苦恼	0	1	2	3	4
85. 您认为应该因为自己的过错而受到惩罚	0	1	2	3	4
86. 感到要赶快把事情做完	0	1	2	3	4
87. 感到自己的身体有严重问题	0	1	2	3	4
88. 从未感到和其他人很亲近	0	1	2	3	4
89. 感到自己有罪	0	1	2	3	4
90. 感到自己的脑子有毛病	0	1	2	3	4

SCL-90 测试结果的解释方法很多，可以从整个量表的总分、阳性项目数、因子分等方面来进行评定。

1. 总分：90个单项分相加之和，可反映整体心理健康水平；

2. 阳性项目数：评分为1~4分的项目数，可反映症状广度，表示受测者在多少项目中呈现"有症状"；

3. 因子分：将组成某因子的各项目总分除以组成某因子的项目数，各因子所包括的题项如下：

（1）躯体化：包括1，4，12，27，40，42，48，49，52，53，56，58共12项。

（2）强迫症状：包括3，9，10，28，38，45，46，51，55，65共10项。

（3）人际关系敏感：包括6，21，34，36，37，41，61，69，73共9项。

（4）抑郁：包括5，14，15，20，22，26，29，30，31，32，54，71，79共13项。

（5）焦虑：包括2，17，23，33，39，57，72，78，80，86共10项。

（6）敌对：包括11，24，63，67，74，81共6项。

（7）恐怖：包括13，25，47，50，70，75，82共7项。

（8）偏执：包括8，18，43，68，76，83共6项。

（9）精神病性：包括7，16，35，62，77，84，85，87，88，90共10项。

（10）其他：包括19，44，59，60，64，66，89共7项。

表 7.2 SCL-90 计分表

计分项目		得分
因子分	躯体化	
	强迫症状	
	人际关系敏感	
	抑郁	
	焦虑	
	敌对	
	恐怖	
	偏执	
	总分	
	精神病性	
	其他	
总分		
阳性项目数		

评分标准：

当总分超过 160 分，或阳性项目数超过 43 项，或任一因子分超过 2 分，考虑筛查阳性，需进一步检查。

第八章 轨道乘客心理与行为分析

【知识目标】

◇ 了解需求的概念与特性
◇ 掌握轨道乘客的各类需求
◇ 理解通勤乘客、特殊乘客的群体心理特征
◇ 了解轨道乘客不安全行为的概念及表现
◇ 理解轨道乘客不安全行为的心理原因

【能力目标】

◇ 能够分析不同类型乘客的需求
◇ 能够分析不同乘客群体的心理特征

【关键概念】

◇ 需求、乘客需求、乘客群体、群体心理、乘客不安全行为

【知识框架】

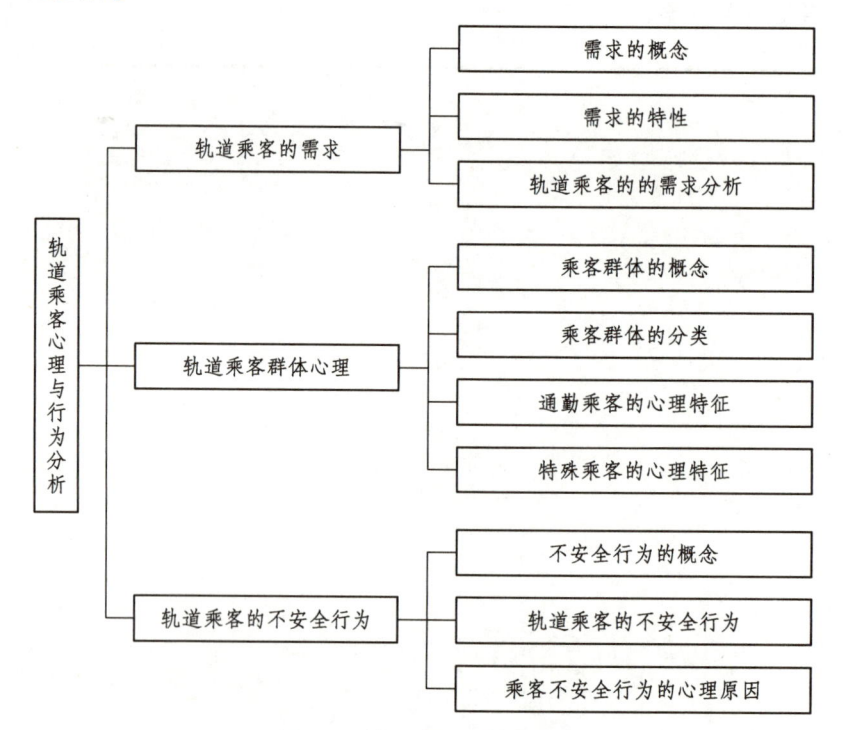

图 8.1 第八章知识框架图

第一节 轨道乘客的需求

（一）需求的概念

需求是人类生活中不可避免的一部分，它驱动着我们的行为、思考和决策。需求是一个多维度的概念，在经济学中指消费者对某种商品或服务愿意而且能够购买的数量。需求（Need）指人们身体内部的一种不平衡状态，表现为人们对内部环境或外部生活条件的一种稳定的追求，并成为活动的源泉。

这一概念包含两层含义：

1. 需求源于内部的某种缺乏和不平衡状态

需求的这种缺乏和不平衡的状态表现为生理和心理两方面。如食物、水、空气、睡眠等生理需求，以及归属感、爱、尊重等心理需求。一旦需求得到满足，这种缺乏和不平衡也会随之消失，正如酒足饭饱后再去逛超市，就算见到平时最爱吃的食物，也没有食欲。

2. 需求是人类行为的动力源泉

人的需求是维持人的行为和活动的基本动力。美国著名心理学家马斯洛曾经说过，人是一种不断需求的动物，除短暂的时间外，极少达到完全满足的状况，一个欲望满足后，往往又会产生另一种欲望。因此，需求推动着人的行为活动，在行为活动中需求不断得到满足，但是另一种需求又会适时出现，推动人的行为活动，使人的活动不断地向前发展。

（二）需求的特性

1. 多样性

需求的多样性是指在不同个体、不同情境下，人们对各种事物、服务或体验所表现出的多样化的需求倾向。由于人的社会实践活动范围极其广泛，在此基础上形成的需求也是多种多样的，它反映了人们需求的复杂性和丰富性。

需求的多样性体现在需求的层次和结构上。人们的需求不是单一的，而是由多个层次和方面构成的复杂体系。例如，在物质需求方面，人们可能同时需要食物、衣物、住所等；在精神需求方面，人们可能追求知识、友谊、尊重、自我实现等。这些不同层次和方面的需求相互交织，构成了需求的多样性。

同时，需求的多样性还表现为个人需求之间的差异性。由于每个人的背景、经历、偏好、经济能力、消费观念等因素不同，因此，即使面对同一产品或服务，个人的需求也会呈现出明显的差异。这种差异性使得需求具有多样性的特点。

2. 阶段性

需求的阶段性是指个体在不同阶段或不同生命周期内，其需求呈现出明显的变化和差异。这种阶段性特征主要受到年龄、成长经历、生活环境等多种因素的影响。

个体在发展的不同时期，需求的特点也不同。例如，婴幼儿主要是生理需求，即需要吃、喝、睡；少年时代开始发展到对知识、安全的需求；到青年时期又发展到对恋爱、婚姻的需求；到成年时，又发展到对名誉、地位、尊重的需求等；进入老年，人们对于精神寄托和社交活动则产生更为强烈的需求。

【课堂讨论 8.1】

大学生的需求

人的需求都有一定的阶段性，作为一名大学生，现阶段大家最重要的需求是什么呢？

以小组为单位进行讨论，并将讨论结果写于下方。

（1）_____
（2）_____
（3）_____

3. 社会制约性

需求的社会制约性是指个体的需求并非完全由个人内在因素决定，而是受到社会因素的影响和制约。这里的社会因素包括社会环境、社会生产力、文化背景、教育水平等多种因素。一定的社会历史条件会制约人的需求，同样，社会历史条件的发展变化也会引起需求的内容范围以及满足方式的相应变化。

人们的需求受时代、历史的影响，又受阶级性的影响。在经济落后、生活水平低下的时期，人们需要的是温饱；在经济发展、生活水平提高的时期，人们需要的不仅是丰裕的物质生活，同时也需要高雅的精神生活。具有不同的阶级属性的人，其需求也不一样。由此可见，人的需求又具有社会性和历史与阶级的制约性。

【拓展阅读 8.1】

"三大件"需求的变迁

结婚是一个人一生中最幸福、最重要的一件事情。20 世纪七八十年代，为了筹备婚礼，男女双方一般都要置办几件在当时颇为流行的物品，而这些流行物品逐渐演变成人们所谈论的"结婚三大件"。

20世纪七八十年代,结婚很简单,基本电器三大件就搞定。70年代的三大件是:自行车、手表和缝纫机,要求高点的会再加上收音机,即"三转一响"。那时候,每个准备结婚的姑娘都想要这三样东西,有的甚至连品牌都有要求,如"上海"牌手表、"永久"牌自行车、"飞人"牌缝纫机,这些都是当时最好的品牌。条件稍差的人家也要有"东风"牌手表、"红旗"牌自行车和"燕"牌缝纫机。而对于没有孩子结婚的人家,也把拥有这"三大件"作为家庭的奋斗目标。

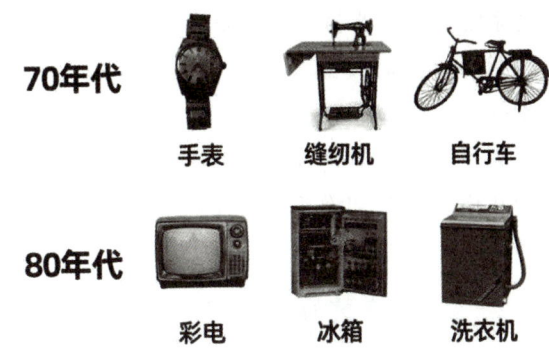

图 8.2 70 年代与 80 年代的"三大件"

到了 20 世纪 80 年代,人民生活水平日益提高,曾经风靡一时的旧三件也被新三件——电视机、洗衣机和电冰箱所替代。

现在,社会需求又发生了巨大的变化,大家想想现在结婚的三大件是什么?

除了结婚三大件的变化以外,还有哪些需求随着社会的发展而变化?以小组为单位进行讨论,并将讨论结果写于下方。

(1) _____
(2) _____
(3) _____

(三)轨道乘客的需求分析

轨道乘客需求种类繁多,这些需求涵盖了从基本的出行需求到更高层次的服务体验需求。

1. 出行安全的需求

出行安全的需求(Travel Safety Needs)指乘客希望在整个交通过程中能够保持安全,不受任何伤害的需求。

出行安全是乘客最基本的需求,也是轨道运营企业最为重视的方面,具体体现在如下方面:

(1)乘客希望地铁列车能够稳定、安全地运行,不出现急刹车、突然停车等危险情况。他们期望列车设备维护良好,确保行车过程中没有技术故障。

(2)乘客需要一个安全有序的候车环境。这包括明确的标识指示乘客站在安全线内,防止跌入轨道,以及有足够的空间供乘客上下车,避免拥挤和推搡;车站有充足的安保人员巡逻,以确保乘客的人身安全。

(3)乘客希望在地铁站和列车上配备完善的紧急救援设备和措施。这包括紧急制动系统、灭火器材、急救箱以及紧急疏散通道等,以应对可能发生的紧急情况。当出现意外事故时,能及时告知他们有关安全事项、紧急情况下的应对措施以及列车时刻等信息。

为了满足乘客对出行安全的需求,轨道运营方需要采取一系列措施,包括定期维护和检查列车和设施、加强安全宣传和教育、提供充足的安保力量、建立有效的应急预案等。通过这些措施,可以最大限度地确保乘客在地铁出行过程中的安全。

2. 准时与高效的需求

准时和高效的需求(Punctuality and Efficiency Needs)指乘客希望能按计划到达目的地,减少时间上的浪费,提高出行效率的需求。

准时和高效的需求是乘客日常出行中非常关注的方面,特别是对于通勤者和赶时间的人来说尤为重要。具体体现在如下方面:

(1)乘客期望地铁能够高效地将他们送达目的地,减少在路上的时间消耗,以便有更多的时间休息或工作。对于日常通勤者来说,地铁是他们往返于家和工作地点的主要交通工具,如果列车经常晚点或提前,乘客可能会因此错过上班时间、重要的会议等。

(2)乘客期望在进出地铁站时能够迅速完成购票、检票等流程,避免在车站内耗费过多时间。现代轨道交通系统通常会采用自动售票机、自动检票闸机等设备,以提高进出站的速度。

(3)乘客希望换乘过程能够顺利、省时。换乘是乘客经常会遇到的情况,也会占用大量的交通时间,如果换乘过程烦琐、耗时,乘客就会觉得地铁服务不够高效。因此,地铁车站的换乘设计对于乘客来说非常重要。

为了满足这些需求,轨道运营方需要提供准点的班次和列车运营时间表,确保乘客能够按时到达目的地。同时,延长服务时间,特别是在深夜或早晨以及节假日或特殊活动期间,也能更好地满足乘客的出行需求。

【拓展阅读 8.2】

多地地铁试点"闸机常开门"模式

近期,上海、杭州、广州、合肥、苏州等地铁官方宣布试行"闸机常开门"模式,实现乘客快速进站,缓解乘客进出站时的拥堵以及防止乘客夹伤。

与日常闸机的常闭模式相反,"闸机常开门"模式是在常态时,车站闸机扇门默认保持开启状态,乘客刷卡或扫码后,经确认闸机屏幕显示"绿色通行"箭头,可直接通行。这一模式理论上可以减少乘客在闸机处等待扇门开闭动作的时间，提高客流连续正常通行的效率。

需要注意的是，当闸机接收到无效车票或无票通过时，闸机扇门将自动合拢，阻挡通道，乘客须重新刷卡、扫码或寻求工作人员协助票务处置；同时，排队进出站时，当前面的乘客通过后，后面的乘客无须等待闸门关闭后再刷卡或扫码，而是可以直接刷卡或扫码通行。此外，即便有了"闸机常开门"的模式，还是需要乘客在高峰期排队有序进出闸机，不能拥抢，以保障高效率通行。

图 8.3 "闸机常开门"模式

想一想：除了此类设计外，轨道交通中还有哪些设计可以方便乘客出行？
（1）_____
（2）_____
（3）_____

3. 优质服务的需求

优质服务的需求（High-Quality Service Needs）指乘客期望在交通过程中享受到优质、专业、友好服务的需求。

乘客对服务的需求体现在多个方面，这些需求不仅关乎出行的舒适性，也涉及乘客的心理体验和个性化需求，具体体现在如下方面：

（1）乘客对车厢和车站的环境舒适度有一定要求，他们希望车厢内干净、整洁，座椅舒适，空调温度适宜。车站内则应有足够的休息区和卫生设施，以及明确的指示标识，使乘客能够轻松找到所需的信息和设施。

（2）乘客期望轨道工作人员能够提供热情、友好的服务。他们希望工作人员能够耐心解答疑问，提供帮助，并在必要时给予关心和照顾。友好的服务态度能够提升乘客的满意度和信任感。

（3）一些乘客对轨道交通服务提出了个性化的需求。例如，有些乘客可能需要无障碍设施以满足特殊需求；有些乘客可能希望享受定制化的出行建议或优惠活动；还有些乘客可能关注环保和可持续发展，希望轨道交通系统能够采取更加环保的运营方式。

为了满足乘客的这些需求，轨道运营方需要保证车厢内的整洁、干净，车站内的标识清晰明了，工作人员能够提供热情、专业、耐心的服务，对于乘客的疑问和需求能够及时回应和协助解决，关注乘客的反馈和建议，积极创新服务模式，为乘客提供更加优质、舒适、个性化的地铁出行服务。

【拓展阅读 8.3】

广州地铁试点女性车厢

广州地铁宣布将在 6 月 28 日起早晚高峰时段在 1 号线试点"女性车厢"。广州地铁称，将以开放的态度悉心聆听来自社会各界和广大乘客的意见和建议，并分阶段开展总结评估，以确定开展下一步的工作。

从 6 月 28 日起，工作日的 7:30—9:30、17:00—19:00 期间（节假日不实施），1 号线往广州东站方向的最后一节车厢和往西朗方向的第一节车厢（两边站台的 2~5 号屏蔽门）设为女性车厢。该时段该车厢供女性乘客使用，而其他时段该车厢则作为普通车厢使用。

图 8.4 广州地铁女性车厢

从试点之日起，广州地铁将会通过站内广播、告示、墙贴、地贴、车厢包装等方式进行宣传，在试点初期，同步增加志愿者在站台进行引导。

广州地铁称，在公共交通工具上针对不同乘客进行强制性的区别对待目前尚无法律依据；其次，设置专用车厢不符合男女结伴、老幼结伴和家庭结伴出行的实际情况。因此，女性车厢是倡导性质的，地铁方面希望通过长期的倡导，弘扬"关爱女性、尊重女性"的文明理念。

——引自新华网

想一想：除开女性车厢外，还有哪些专门针对乘客的服务？

（1）_____

（2）_____

（3）_____

4. 实时信息的需求

实时信息的需求（Real-Time Information Needs）指乘客希望能及时获取到列车运行状态、到站时间、事故通知等实时信息，以便能够做出合理出行决策的需求。

乘客对实时信息的需求是他们在乘坐轨道交通时非常关注的一个方面，具体体现在如下方面：

（1）乘客希望随时了解列车的实时运行状态，包括列车的当前位置、预计到达时间等。这有助于乘客合理安排自己的出行时间，避免不必要的等待和错过列车。

（2）对于需要换乘的乘客来说，需要获取实时的换乘信息和线路调整信息。这包括了解换乘站点的实时客流情况、换乘通道的畅通程度以及因施工、故障等原因导致的线路调整情况。通过实时信息，乘客可以更加顺利地完成换乘，避免走错线路或遇到不必要的麻烦。

（3）在发生紧急情况或故障时，乘客需要及时获取相关事故与应对信息，以便采取相应的应对措施。这包括了解事故或故障的原因、影响范围以及应对措施等。通过实时通知，乘客可以保持冷静，避免恐慌和混乱。

为了满足以上需求，轨道运营方可以在车站内设置电子显示屏或公告栏，实时更新列车时刻、换乘信息、线路调整等内容；通过广播、短信等方式向乘客发布紧急通知和故障信息，确保乘客能够及时了解并做出反应；开发手机应用或官方网站，提供实时查询功能，方便乘客随时了解地铁运行情况，以提供准确、及时的实时信息，保证乘客的出行效率和满意度。

5. 文化体验的需求

文化体验的需求（Cultural Experience Needs）指乘客希望在乘坐轨道交通的过程中，感受到城市的历史、文化和艺术氛围的需求。

地铁不仅是交通工具，也是城市文化的一部分，应该说轨道交通已经与整座城市融为一体，它也是城市历史发展的一部分。这一需求具体体现在如下方面：

（1）乘客渴望在轨道交通过程中感受到当地的文化氛围。他们希望地铁不仅仅是交通工具，更是展示和传播地域文化的窗口。车厢内的装饰、艺术品展示、音乐播放等都应体现出地域特色，让乘客在乘车过程中能够沉浸于浓厚的文化氛围之中。

（2）乘客对轨道交通内的文化活动和展览表现出浓厚兴趣。他们期待在地铁站点或车厢内能够参与各类文化活动，如文化讲座、艺术展览、民俗表演等。这些活动不仅能够丰富乘客的出行体验，还能够增进他们对当地文化的了解和认识。

（3）乘客还希望轨道企业能够提供一些与文化相关的服务。例如，提供关于当地历史、文化、风土人情的介绍资料，或者在轨道站点设置文化信息触摸屏，方便乘客随时了解当地的文化信息。这些服务能够让乘客在乘坐地铁的同时，深入了解当地的文化底蕴。

随着全球化的进程加速，越来越多的乘客希望轨道交通能够提供更多元化的文化体验，他们希望能够在交通过程中感受到不同国家和地区的文化特色。

为了满足这些需求，轨道运营方需要在日常运营中注重文化元素的融入和创新，将轨道交通的文化体验与城市的整体文化形象相呼应；也可以通过在车站和车厢内展示艺术品、举办文化活动等方式,为乘客提供丰富多彩的文化体验。

【拓展阅读 8.4】

莫斯科地铁成为旅游名片

莫斯科地铁系统建立时间可追溯至 1931 年,至今已有近百年的历史,不仅为市民提供了便捷的交通方式,还见证了俄罗斯的历史变迁和城市发展。地铁的文化特色十分鲜明,每个车站都有其独特的装饰风格,展示出不同的历史和文化元素,许多车站甚至被视为艺术品。在莫斯科地铁中,乘客可以欣赏到壮丽的壁画、雕塑和马赛克等艺术品,这些艺术品充分展示了俄罗斯历史、文化和艺术的精华,给乘客带来了美的享受。

在莫斯科,不少地铁站以民族特色、名人、政治事件、历史事迹、命名,其中名气最响的是"马雅可夫斯基"站(见图 8.5)。"马雅可夫斯基"站是为了纪念苏联革命诗人马雅可夫斯基。"马雅可夫斯基"车站风格迥异,充满诗情画意,在地铁入口处立着诗人的头像,目光深邃。大厅两侧的每座大理石拱门都镶着不锈钢。一盏盏照明灯围成圆形,嵌在穹顶。灯光反打在地面中央的红色大理石"通道"上,犹若一条红地毯,仿佛在欢迎每位乘客。这里镶嵌着苏联名画家杰伊涅卡的马赛克壁画,共有 31 幅。令人叹为观止的设计方案于 1938 年在纽约国际展上获得大奖,使"马雅可夫斯基"站成为世界级的地铁站。

图 8.5 马雅可夫斯基站

莫斯科地铁以其丰富的文化特色、艺术品展示、历史背景、交通功能以及对游客的吸引力,成为当地的一张旅游名片。它不仅为市民提供了便捷高效的交通方式,还为游客带来了独特的文化体验,进一步推动了当地旅游业的发展。

想一想:国内轨道当中有哪些能让乘客拥有良好文化体验的例子,写于下方。

(1)＿＿＿＿＿＿＿＿＿＿＿＿＿＿＿＿＿＿＿＿＿＿＿＿＿＿＿＿＿＿＿

(2)＿＿＿＿＿＿＿＿＿＿＿＿＿＿＿＿＿＿＿＿＿＿＿＿＿＿＿＿＿＿＿

(3)＿＿＿＿＿＿＿＿＿＿＿＿＿＿＿＿＿＿＿＿＿＿＿＿＿＿＿＿＿＿＿

6. 节省成本的需求

节省成本的需求(Cost Saving Needs)指乘客希望在交通出行过程中尽量减少交

通费用支出的愿望与动机。

这种需求通常源于乘客对出行成本敏感，希望通过各种方式降低出行费用，提高出行的经济性。乘客节省出行成本的需求体现在如下方面：

（1）乘客在规划出行时，会综合考虑时间成本、费用成本和其他因素。节省成本的需求主要体现在乘客希望降低与出行直接相关的费用，如车票费用、换乘费用、停车费用等。

（2）乘客期望有多种方式可以降低出行成本。这可能包括使用优惠票、购买套票、利用促销活动等，以便在不影响出行质量的前提下降低费用。

（3）乘客希望通过优化出行方式来节省成本。例如，选择更经济的交通工具、规划更合理的出行路线、避免高峰时段出行等，以减少不必要的费用支出。

为了满足乘客节省成本的需求，交通运营者可以通过提供多样化的票价策略、推广优惠和奖励计划、优化运营效率、提供信息服务、发展智能支付和自助服务等方式，帮助乘客降低出行成本，提高出行的经济性。

除了本书中提到的乘客需求以外，大家还能想到哪些乘客需求呢？

第二节　轨道乘客群体心理

（一）乘客群体的概念

轨道乘客群体（Rail Passenger Group）是指具有一定出行目的，共同乘坐城市轨道交通工具的一组人群。

轨道乘客群体具有一些共性，他们通常时间意识强，希望能够快速、高效地到达目的地。由于车厢内空间有限，尤其是在高峰期，乘客可能会产生一定的空间压迫感。与此同时，大部分乘客在乘坐轨道交通时更关注个人空间和内心平静，社交需求相对较弱。

在决策过程中，乘客会受到多种心理效应的影响。例如，就近心理是乘客最常见的一种行为现象，乘客的走行行为和决策行为都受到就近心理的影响。此外，沉没成本效应也可能影响乘客的决策，导致他们在考虑备选方案时，不仅考虑现在的效用，还会考虑过去的投入成本。

（二）乘客群体的分类

轨道乘客群体可以按照多种方式进行分类，以下是一些常见的分类方式。

（1）根据乘客的性别，可将其分为男性乘客和女性乘客群体。

（2）根据乘客的年龄，可将其分为老年乘客、中年乘客、青年乘客以及儿童乘客群体。

（3）根据乘客出行的目的，可将其分为通勤出行乘客、生活出行乘客、娱乐休闲出行乘客等。

（4）根据特殊乘客类别，可将其分为老年乘客、儿童乘客、残疾乘客、疾病乘客、怀孕乘客、初次乘坐轨道交通工具的乘客等。

（5）根据乘客来源地不同，可将其分为本地乘客、外省乘客、境外乘客等。

（三）通勤乘客的心理特征

通勤乘客（Commuter）是指工作地与居住地不在同一个地方，每天需要往返于工作地点与居住地之间的人员。

通勤乘客群体具有出行量大、出行时间相对固定等特征，他们构成了城市通勤出行的主体，其出行时间、方式和路径往往受到工作性质、居住地与工作地点之间的距离以及交通状况等多种因素的影响。

通勤乘客的出行行为和特征对于城市交通规划和交通运营有着重要的影响。例如，早晚高峰期的交通拥堵往往与通勤乘客的出行需求密切相关。

就城市轨道通勤乘客的心理特征而言，其主要的共性心理特征包含如下几个方面。

1. 时效心理显著

通勤乘客的时效心理主要体现在他们对时间的高度敏感性和对效率的追求上。由于通勤乘客需要每天往返于工作地和居住地，时间对于他们来说尤为重要。他们希望能够快速、准时地到达目的地，以便有更多的时间工作或休息。

在乘坐轨道交通时，通勤乘客通常会关注列车的运行时间、到达时间以及换乘时间等。他们会根据这些信息来规划自己的出行路线，以确保能够在最短的时间内到达目的地。同时，他们也会关注列车的准时性，对于可能出现的延误或临时停车等情况，他们会感到焦虑和不满，因为这可能会影响到他们的出行计划。

此外，通勤乘客还会关注轨道交通系统的整体运行效率。他们希望轨道交通系统能够提供高效的换乘衔接、减少换乘等待时间、提高列车的运行速度等，以缩短整体的出行时间。

时效心理是轨道通勤乘客最基本、最重要的心理特征，也是多种具体心理特征的根源。

2. 心理压力大

通勤乘客由于要面对长时间的通勤和高峰时段的拥挤，往往承受着较大的心理压力。他们可能会感到疲劳、焦虑、压抑等负面情绪，这也影响了他们对出行体验的要求和满意度，通勤乘客的心理压力主要来自以下方面。

首先，时间压力是通勤乘客心理压力的主要来源之一。他们需要在有限的时间内完成从居住地到工作地的往返行程，尤其是在高峰时段，交通拥堵、地铁班次延误等问题常常导致他们无法按时到达目的地。这种时间上的不确定性和紧迫感，使得通勤乘客感到焦虑和紧张。

其次，空间压力也是导致通勤乘客心理压力大的重要因素。高峰时段的轨道交通通常非常拥挤，乘客们需要长时间处于相对狭小的空间中，这不仅让他们感到身体上的不适，还可能引发心理上的压抑和烦躁。长时间处于这种拥挤、嘈杂的环境中，乘客们容易感到疲惫和压力倍增。

此外，通勤过程中的不确定性因素也会增加乘客的心理压力。例如，突然的交通事故、列车故障或紧急疏散等情况，都可能让乘客感到恐慌和不安。这种不确定性使得乘客们无法预测和掌控通勤过程中的风险，从而增加了他们的心理压力。

3. 舒适期望较低

相对于其他乘客群体，通勤乘客的舒适期望较低，这一现象可能由多种因素共同造成。

首先，长期的通勤经历可能使乘客对于轨道交通的拥挤、嘈杂等状况习以为常，从而降低了对舒适度的要求。他们可能更加关注出行的便捷性和准时性，而相对忽视舒适度。

其次，城市轨道交通作为公共交通的重要组成部分，其主要功能是满足大量乘客的出行需求。在高峰时段，车厢内往往人满为患，乘客站立的空间都有限，这种情况下，乘客对舒适度的期望自然会降低。

此外，个人经济状况和出行成本也是影响乘客舒适期望的因素。一些乘客可能因为经济原因而选择相对廉价的轨道交通作为通勤方式，对于舒适度的要求也就相对较低。

然而，尽管轨道通勤乘客的舒适期望较低，这并不意味着轨道运营方可以忽视他们的舒适度需求。提高乘客的舒适度不仅可以提升他们的出行体验，还有助于吸引更多乘客选择轨道交通，缓解城市交通压力。因此，轨道交通运营商可以通过改善车厢环境、提升服务质量、优化线路规划等方式，努力提升乘客的舒适度感受。

（四）特殊乘客的心理特征

1. 老年乘客的心理

老年乘客的心理特征主要体现在以下几个方面。

（1）追求安全与安静。

由于年龄的增长，老年乘客的体力相对较弱，因此他们更加注重出行的安全性。在乘坐轨道交通时，他们更倾向于选择稳定、安全的座位，避免在车厢内频繁移动或站立。同时，老年乘客也追求安静、舒适的乘车环境，以便休息或思考。

（2）安全感需求较强。

随着年龄的增长，老年人的身体机能逐渐下降，应对突发事故的能力下降，因此他们往往更加关注自身的安全。在乘坐轨道交通时，他们更倾向于选择稳定、安全的座位，以获取更多的安全感。

（3）依赖心理。

由于身体机能的衰退，老年乘客在面对复杂的交通系统时，可能会感到力不从心，从而产生依赖心理。他们可能更愿意听从工作人员的指示，或者依赖其他乘客的帮助来完成乘车过程。

基于这些心理特征，轨道交通的服务人员应有足够的耐心和细心，为老年乘客提供周到的服务。例如，可以提供专门的座位或区域供老年乘客使用，保持车厢内的安静和整洁，及时解答他们的疑问和提供帮助等。

2. 残疾乘客的心理

残疾乘客的心理特征主要体现在以下几个方面。

（1）敏感心理。

由于身体上的残疾，许多残疾乘客可能会感到自卑，因而他们可能对自己的缺陷格外敏感，对于他人的目光和评论特别在意，担心受到歧视或嘲笑。这种敏感心理可能导致他们在公共场合表现得较为拘谨，避免与他人过多交流。

（2）依赖心理。

残疾乘客在出行时，可能更加依赖他人的帮助和辅助设备。他们可能需要工作人员或其他乘客的协助，才能完成购票、上下车等动作。这种依赖性可能导致他们在面对新的挑战或困难时，更加容易感到无助和焦虑。

（3）服务需求较强。

残疾乘客由于自身的行动不便，对于出行服务有着更高的需求。他们可能更加关注车站和车厢内的无障碍设施是否完善，以及工作人员是否具备专业的服务技能和应对突发情况的能力。

为了提升残疾乘客的出行体验，轨道交通系统应进一步完善无障碍设施，提供便捷的购票和乘车服务。同时，工作人员也应接受专业培训，掌握与残疾乘客沟通的技巧和方法，以便更好地提供帮助和支持。

3. 儿童乘客的心理

儿童乘客的心理特征主要表现在以下几个方面。

（1）活泼好奇。

儿童通常天性活泼，对周围的事物充满好奇。在乘坐轨道交通时，他们可能会对车厢内的各种设施、按钮、标志等产生浓厚的兴趣，并表现出强烈的探索欲望，试图对其探索或触摸。

（2）易分心。

由于儿童的生理和心理特点，他们往往难以长时间保持安静，容易分心。在乘车过程中，他们可能会频繁地改变坐姿、玩耍或与其他儿童互动，需要家长或监护人的时刻关注。

（3）依赖心理。

儿童在出行时通常依赖于家长或其他成人的陪伴和照顾。在轨道交通环境中，他们会对熟悉和信任的人产生强烈的依赖心理，希望得到他们的关爱和保护。

为了确保轨道儿童乘客的安全和舒适，轨道交通系统和服务人员应采取相应的措施。例如，提供儿童友好的车厢环境，设置专门的儿童安全区域，加强安全宣传和教育，以及培训工作人员掌握与儿童乘客沟通的技巧和方法等。

4. *疾病乘客的心理*

疾病乘客的心理特征可能因疾病的种类、严重程度以及个人差异而有所不同。但一般来说，疾病乘客可能表现出以下一些共同的心理特征。

（1）焦虑心理。

由于身体疾病导致的身体不适，轨道疾病乘客可能会对旅途中的安全和舒适度感到焦虑。他们可能担心在列车上突发疾病、无法及时获得医疗救助或遇到其他紧急情况。这种焦虑情绪可能导致他们紧张不安，对周围环境保持高度警觉。

（2）敏感易怒。

疾病乘客的身体状况可能导致他们对外界刺激更加敏感，容易因为一些小事而感到烦躁或易怒。例如，车厢内的噪声、拥挤或温度变化都可能引发他们的不适和不满。

（3）依赖心理。

疾病乘客在交通过程中可能更加依赖他人的帮助和照顾，他们可能需要工作人员或其他乘客的协助才能完成一些基本的动作或任务，如上下车、寻找座位等。

为了更好地照顾疾病乘客，轨道交通服务人员应特别关注他们的需求。例如，提供舒适的座椅和安静的乘车环境，以减少他们的不适和焦虑；加强车厢内的清洁和卫生管理，以降低疾病传播的风险；提供及时的医疗救助和紧急联系方式，以应对可能的突发情况。

5. *怀孕乘客的心理*

怀孕乘客在轨道交通中展现出的心理特征，主要源于她们身体的特殊状况和对胎儿的深深关爱。以下是一些显著的心理特征。

（1）焦虑心理。

怀孕乘客往往表现出极高的焦虑感。她们对自身的安全和胎儿的健康非常关注，因此可能会对旅途中的每一个细节都格外留意。例如，她们可能会担心车厢内的颠簸、突然的刹车或紧急状况，这些都可能让她们感到紧张不安。

（2）敏感心理。

怀孕乘客通常比较敏感。由于身体的变化和激素的影响，她们可能对外界的刺激反应更为强烈。例如，车厢内的异味、过大的噪声或人群的拥挤都可能让她们感到不适。

（3）依赖心理。

怀孕乘客还可能表现出一定程度的依赖心理。在怀孕期间，女性的身体可能变得较为笨拙，行动不便，因此她们可能更加依赖他人的帮助。在轨道交通中，她们可能会期待得到工作人员或其他乘客的关照和协助。

为了更好地照顾怀孕乘客，轨道交通系统和服务人员需要特别注意她们的需求。例如，提供舒适的座椅、保持车厢内的清洁和安静、设立孕妇优先座位等，都是有助于减轻她们焦虑感和不适感的措施。同时，服务人员也应接受相关的培训，掌握与怀孕乘客沟通的技巧，以便在她们需要帮助时能够给予及时、恰当的支持。

除了以上乘客群体以外，还有其他各种类型的乘客群体，请大家自己也来分析一下吧，并完成"章节练习8.1"。

第三节 轨道乘客的不安全行为

（一）不安全行为的概念

不安全行为是导致安全事故的重要原因之一，它可能发生在各行各业，包括工业生产、交通运输、日常生活等各个领域。

不安全行为（Unsafe Behavior）指人们在生产、生活或其他活动中，违反安全规程、标准或操作规范，可能导致人身伤害、财产损失或环境破坏的行为。

不安全行为可能表现为操作错误、忽视安全警告、冒险进入危险区域、不按规定使用个人防护装备、分散注意力等多种形式。这些行为往往是由于个体对安全风险的认知不足、心理状态的波动、环境因素的影响或是对安全规定的忽视等原因所导致的。

为了预防和控制不安全行为的发生，需要采取一系列措施，包括加强安全宣传教育，提高人们的安全意识和自我保护能力，制定和完善安全规程、标准和操作规范，建立健全安全管理制度和应急预案，以应对可能发生的安全事故等。

（二）轨道乘客的不安全行为

轨道乘客的不安全行为多种多样，这些行为不仅可能危害乘客自身的安全，还可能对轨道交通的运营安全造成严重影响。

根据2024年6月广州市交通运输局发布的《广州市城市轨道交通乘客守则》相关规定，可以将轨道乘客不安全行为分为以下几类。

1. 携带违禁物品进站

轨道交通作为公共交通工具，载客量大，人员密集，如果乘客携带违禁物品进站并上车，一旦发生事故，将迅速波及整个车厢乃至整个轨道交通系统，造成大范围的人员伤亡和恐慌。

根据轨道交通相关规定，乘客禁止携带以下物品：

（1）枪械弹药和管制刀器具、爆炸物品及上述物品仿制品，但国家安全、军务、警务、海关等特种人员持有效证件执行公务的除外。

（2）易燃、易爆、有毒、有害、放射性、腐蚀性、传染病病原体等危险品，有严重异味、刺激性气味的物品。

图 8.6　违禁物品

（3）可能引起乘客恐慌情绪、危及乘客人身和财产安全或影响城市轨道交通设施安全的物品（含充气气球、液氮、强磁化物等），但用于应急抢险的工具除外。

（4）自行车，但使用完整包装且符合《广州市城市轨道交通乘客守则》第九条携带行李规定的折叠自行车除外；电瓶车、电动滑板等电动代步工具，但符合《医疗器械监督管理条例》《医疗器械说明书和标签管理规定》相关质量安全标准规范、取得医疗器械注册证编号用于无障碍用途的电动轮椅除外。

（5）活禽和猫、狗、蛇等宠物以及其他可能妨碍城市轨道交通运营或其他乘客乘车的动物，但正在执行公务的专用动物以及有识别标志、持有相关证件，且采取保护措施的导盲犬、扶助犬除外。

（6）法律、法规、规章、标准等有关规定中禁止、限制持有、携带、运输的物品。

2. 影响轨道交通运营秩序的行为

轨道乘客影响轨道交通运营秩序的行为会产生严重的安全隐患，这些行为不仅可能直接威胁到乘客和工作人员的安全，还可能对整个轨道交通系统的正常运行造成干扰和破坏。

以下是一些具体的影响轨道交通运营秩序的乘客行为：

（1）追逐打闹、滋事斗殴、醉酒闹事、猥亵他人、偷窥或者偷拍他人隐私、点燃明火；

（2）非法拦截列车，阻断运输，攀爬或者翻越围墙、栏杆、闸机、机车等；

（3）擅自进入驾驶室、轨道、隧道或其他有警示标志的区域；

（4）头、手或随身物品越过站台门或端墙门（高架站、地面站），强拉车门或站台门，阻止车门或站台门关闭，强行上下车；

（5）擅自操作有警示标志的按钮、开关装置、插座；非紧急状态下动用紧急或安全装置；

（6）损害、毁坏城市轨道交通设施、消防安全设备设施、隔离设施或擅自移动、遮盖城市轨道交通设施范围内的安全消防警示标志、疏散导向标志、测量设施以及安全防护设备设施；

（7）在轨道上放置、丢弃障碍物，向列车、机车、维修工程车等设施投掷物品，使用闪光灯、激光笔等影响司机驾驶；

（8）穿戴涉邪、涉恐、涉黄、涉非法宗教宣传和有违公序良俗内容的服饰、徽章、器物、标识、标志及标语等；

（9）未经城市轨道交通经营单位同意，进行举牌、拉横幅、"快闪"等容易引起人员聚集围观的行为；

（10）未经城市轨道交通经营单位同意，擅自拍摄电影、电视剧、广告等；

（11）不听从现场工作人员引导；

（12）发射传播涉非法信息的无线网络信号或链接，故意干扰城市轨道交通专用通信频率；

（13）规避安全检查、不按通道指示进站、向付费区递送未经安全检查物品的行为；

（14）其他危害城市轨道交通设施安全或影响运营秩序的行为。

3. 不遵守乘车相关规定的行为

轨道乘客不遵守进出站、候车、乘降秩序相关规定，会妨碍乘客乘车的有序性与安全性，从而产生一定的安全隐患。

具体的乘客不安全行为如下：

（1）在通过闸机时手触摸闸机扇门，在闸机通道停留或往返走；

（2）在扶梯、电梯上打闹、奔跑、逆行；

（3）越过站台黄色安全线候车，插队，在站台边缘与黄色安全线之间行走、坐卧、放置物品或倚靠站台门、站台安全护栏；

图 8.7 乘客不安全行为

（4）在列车与站台门出现灯闪铃响时上下车；

（5）乘车时手扶列车车门或挤靠车门；

（6）在车站、列车内互相推搡，抢上抢下；

（7）列车到达终点站后，在车厢内逗留；

（8）其他不遵守进出站、候车、乘降规定的行为。

为了保障轨道交通的安全运营和乘客的乘车安全，乘客应自觉遵守轨道交通的相关规定和乘车秩序，共同营造一个安全、和谐、有序的乘车环境。同时，轨道交通运营单位也应加强安全管理和宣传教育，提高乘客的安全意识和自我保护能力。

【拓展阅读 8.5】

地铁这些地方"摸"不得

在地铁上有些地方乘客不能随便"摸"，主要是为了确保乘客的安全和地铁的正常运营。

以下是一些乘客"摸"不得的地方：

1. 列车车门

列车车门和车体之间存在一定的缝隙，大家撑扶或倚靠车门时，当列车开关门时，扶在车门上的手有可能被顺带着夹进车门与车厢间的缝隙里被夹伤，还会影响到车门的正常关闭和列车运营。

2. 搭乘扶梯时除扶手以外的位置

乘坐扶梯时，双脚要站立在同一平面上，握好扶手带，身体不要倚靠在扶梯两侧的挡板上。

图 8.8　列车车门

3. 闸机扇门

当闸门打开时，乘客应快速通过，不要在通道内停留，也不要用手去触摸扇门缝隙或阻止扇门开关，以免闸门忽然关闭夹伤自己。

4. 站内所有紧急安全装置

为保障列车与乘客的安全，车站站厅、站台、列车都设置有相关的紧急安全装置，并有相应的警示标识与文字注明，只有发生紧急情况时才可使用。

想一想：除以上地方以外，你还知道地铁中哪些地方不能"摸"吗？

（1）_____

（2）_____

（3）_____

（三）乘客不安全行为的心理原因

轨道乘客的不安全行为背后往往隐藏着复杂的心理原因，这些心理原因可能单独或共同作用，影响乘客的行为选择。

1. 心理压力与焦虑

长时间处于快节奏、高压力的生活环境中，乘客会在心理上感到紧张和焦虑。特别是在早晚高峰时段，人流密集、车次频繁，这种高压环境容易使乘客产生焦虑情绪，再加上车次延误、地铁拥堵、安全疑虑等不确定因素，更加剧了乘客的焦虑感。

焦虑情绪可能引发乘客的急躁和不耐烦，进而出现推搡、争抢等不安全行为，增加事故风险。在焦虑状态下，乘客的判断能力可能会受到影响，导致在紧急情况下做出错误的决策，如盲目跟随他人逃生、选择错误的疏散路径等。

在高度焦虑的状态下，乘客可能会忽视地铁站内的安全提示和警示信息，如紧急出口的位置、疏散路线等，从而降低自我保护能力，引发了安全隐患。

2. 侥幸心理

侥幸心理是指乘客在乘坐地铁等轨道交通时，对可能发生的危险或不良后果持有一种不切实际的乐观态度，认为自己能够避免或摆脱这些后果。这种心理往往导致乘客忽视安全规则，采取冒险行为。

有些乘客出于侥幸心理，认为携带少量违禁品（如易燃易爆物品、管制刀具等）乘坐地铁不会被发现或引发严重后果。然而，这些违禁品一旦在地铁内发生意外，将严重威胁乘客和地铁运营的安全。

部分乘客在车门即将关闭时，出于侥幸心理，试图强行上下车。这种行为不仅可能导致乘客被车门夹伤，还可能影响列车的正常运营，甚至引发安全事故。

3. 安全意识淡薄

安全意识是乘客在乘坐轨道交通时，对潜在危险和风险的认知、警觉以及采取相应预防措施的意识和能力。当乘客的安全意识淡薄时，他们可能会忽视安全规则，采取不安全的行为，从而增加事故的风险。

安全意识淡薄的乘客可能更容易出现违规行为，如跨越安全门、在站台边缘逗留、强行上下车等。这些行为不仅违反了轨道交通乘车规则，也严重威胁了乘客自身的安全。

轨道交通系统通常设有各种安全提示和警示信息，但安全意识淡薄的乘客可能会选择忽视这些提示。他们可能不了解安全设施的使用方法、不注意列车到站和出发的提示信息等，从而增加了事故的风险。

4. 追求便捷与效率

轨道乘客追求便捷与效率，在一定程度上可能导致安全隐患的增加。这种追求往往体现在乘客试图缩短等待时间、快速上下车以及选择更直接的路径等方面，而这些行为有时可能忽视了安全规则和注意事项。

为了追求效率，乘客可能会在车门即将关闭时匆忙上下车，这种行为不仅增加了被车门夹伤的风险，还可能影响列车的正常运营。在追求便捷的过程中，乘客可能会忽视地铁内的安全设施，如扶手、紧急制动按钮等。在紧急情况下，这些设施的缺失或不当使用可能导致严重后果。

为了节省时间，部分乘客可能会选择穿越轨道、跨越安全门等非正规路径，这些行为不仅违反了地铁的乘车规则，也严重威胁了乘客的生命安全。

【章节练习8.1】

学生乘客群体需求的心理分析

学生乘客群体也是城市轨道乘客当中很重要的组成部分，请你以本书中的分析为参考，分析一下学生群体的心理特征吧。

注意，学生群体本身也分为多个类型，先确定自己选择哪种具体的学生群体，再进行分析。

以小组为单位进行讨论，并将讨论结果写于表8.1当中。

表8.1 学生乘客群体心理分析表

学生类型	心理特征	具体表现
（小/中/大学生）		

附 录

附录1：轨道列车司机国家职业技能标准

轨道列车司机（城市轨道交通列车司机）

国家职业技能标准（2019年版）

印发时间：2019年12月20日

实施日期：2019年12月20日

印发机关：人力资源社会保障部办公厅、交通运输部办公厅、国家铁路局综合司

发文字号：人社厅发〔2019〕121号

职业编号：4-02-01-01

1 职业概况

1.1 职业名称

轨道列车司机（城市轨道交通列车司机）

1.2 职业编码

4-02-01-01

1.3 职业定义

从事地铁、轻轨等城市轨道交通列车驾驶的人员。

1.4 职业技能等级

本职业共设五个等级，分别为：五级/初级工、四级/中级工、三级/高级工、二级/技师、一级/高级技师。

1.5 职业环境条件

地下线、地面线、高架线、噪声、磁场、振动、室内（外）、光线变化。

1.6 职业能力特征

具有较强的逻辑思维、分析判断能力；具有较强的空间感和形体感知觉；心理素质好；有较好的语言（普通话）和文字表达、理解能力；听力、视力及辨色力良好；肢体灵活，动作协调性好，反应能力良好。

1.7 普遍受教育程度

高中毕业（或同等学力）。

1.8 职业技能鉴定要求

1.8.1 申报条件

具备以下条件者，可申报五级/初级工：

在具备四级/中级工及以上职业资格列车司机的指导和监督下累计安全驾驶里程不少于 5000 km。

具备以下条件者，可申报四级/中级工：

（1）取得本职业五级/初级工职业资格证书；

（2）累计从事本职业安全驾驶满 3 年；

（3）累计安全驾驶里程不少于 75 000 km。

具备以下条件者，可申报三级/高级工：

（1）取得本职业四级/中级工职业资格证书；

（2）累计从事本职业安全驾驶满 8 年；

（3）累计安全驾驶里程不少于 175 000 km。

具备以下条件者，可申报二级/技师：

（1）取得本职业三级/高级工职业资格证书；

（2）累计从事本职业安全驾驶满 14 年；

（3）累计安全驾驶里程不少于 265 000 km。

具备以下条件者，可申报一级/高级技师：

（1）取得本职业二级/技师职业资格证书；

（2）累计从事本职业安全驾驶满 20 年；

（3）累计安全驾驶里程不少于 325 000 km。

1.8.2 鉴定方式

分为理论知识考试、技能考核以及综合评审的方法和形式。

理论知识考试以笔试、机考等方式为主，主要考核从业人员从事本职业应掌握的基本要求和相关知识要求；技能考核主要采用现场操作、模拟操作等方式进行，主要考核从业人员从事本职业应具备的技能水平；综合评审主要针对技师和高级技师，采取审阅材料、答辩等方式进行全面评议和审查。

理论知识考试、技能考核和综合评审均实行百分制，成绩皆达 60 分（含）以上者为合格。

1.8.3 监考人员、考评人员与考生配比

理论知识考试中的监考人员与考生配比不低于 1∶15，且每个考场不少于 2 名监考人员；技能考核中的考评人员与考生配比为 1∶8，且考评人员为 3 人（含）以上单数；综合评审委员为 3 人（含）以上单数。

1.8.4 鉴定时间

理论知识考试时间不少于 60 min，技能考试时间不少于 60 min，综合评审时间不少于 30 min。

1.8.5 鉴定场所设备

理论知识考试场所为标准教室或电子计算机教室；技能考核场所为配备考核必备的电子计算机教室、模拟驾驶室、实训基地或车辆基地并符合环境保护、安全和消防等各项要求。

2 基本要求

2.1 职业道德

2.1.1 职业道德基本知识

2.1.2 职业守则

（1）遵纪守法，爱岗敬业。

（2）服从命令，规范操作。

（3）安全正点，钻研业务。

（4）节能降耗，团结协作。

2.2 基础知识

2.2.1 设备、工具的使用与维护知识

（1）仪器、仪表、工具的使用。

（2）电路图识图基础知识及常用电气符号。

（3）电磁感应基础知识。

（4）电机的结构、作用以及基本原理。

（5）常用控制电器种类、结构及作用。

（6）机械传动知识。

（7）机械识图知识。

（8）计算机基础知识。

2.2.2 行车知识

（1）行车组织规则和作业标准，车辆基地功能、运作等知识。

（2）行车线路线网构架基础知识。

（3）列车运行控制基础知识。

（4）列车运行图基础知识。

2.2.3 车辆知识

（1）车辆结构、组成和功能基础知识。

（2）车辆牵引系统、制动系统、门系统、辅助系统、走行部等基础知识。

2.2.4 通信信号知识

（1）车载信号设备知识。

（2）驾驶模式知识。

（3）人机交换界面知识。

（4）通信设备知识。

2.2.5 供电、轨道线路和站台门知识

(1) 供电系统组成。

(2) 轨道线路组成。

(3) 站台门基础知识。

2.2.6 安全基本知识

(1) 消防安全知识。

(2) 用电安全知识。

(3) 行车安全知识。

(4) 公共安全防范知识。

(5) 交通安全知识。

2.2.7 应急处置知识

(1) 行车应急预案知识。

(2) 车辆简单故障处理方法。

(3) 通信信号简单故障处理方法。

(4) 站台门应急处置方法。

(5) 突发事件应急处置方法。

2.2.8 相关法律、法规知识

(1)《中华人民共和国劳动法》相关知识。

(2)《中华人民共和国劳动合同法》相关知识。

(3)《中华人民共和国安全生产法》相关知识。

(4)《中华人民共和国突发事件应对法》相关知识。

(5)《中华人民共和国消防法》相关知识。

(6)《中华人民共和国特种设备安全法》相关知识。

(7)《中华人民共和国反恐怖主义法》相关知识。

(8)《生产安全事故报告和调查处理条例》相关知识。

2.2.9 其他知识

(1)《国务院办公厅关于保障城市轨道交通安全运行的意见》相关知识。

(2)《国家城市轨道交通运营突发事件应急预案》相关知识。

(3)《城市轨道交通运营管理规定》相关知识。

(4) 城市轨道交通安全运营管理相关知识。

2.3 心理测试

2.3.1 心理健康

(1) 情绪复原。

(2) 价值取向。

(3) 个性特征。

2.3.2 心理能力

(1) 认知能力（判断力、注意力、学习能力）。

(2) 心理适应能力。

3 工作要求

本标准对城市轨道交通列车司机五级/初级工、四级/中级工、三级/高级工、二级/技师和一级/高级技师的技能要求依次递进，高级别涵盖低级别的要求。

本标准对城市轨道交通列车司机五级/初级工、四级/中级工、三级/高级工、二级/技师和一级/高级技师的技能要求依次递进，高级别涵盖低级别的要求，其中五级/初级工的技能知识要求如下：

表 1 列车司机的技能与知识要求表

职业功能	工作内容	技能要求	相关知识要求
1. 列车操纵	1.1 出退勤作业	1.1.1 能抄阅、理解行车指令 1.1.2 能确认值乘列车的车次、车号、停放股道 1.1.3 能按要求填写司机报单、事故报告等有关台账报表记录 1.1.4 能按要求向有关人员介绍本次列车技术状况、运行情况、报单日志记录情况，办理专用物品及行车安全装备的交接 1.1.5 能按规定办理出、退勤作业	1.1.1 各类司机台账的填写规范 1.1.2 司机行车专用物品、器材的功能及使用操作方法 1.1.3 有关调度命令的内容和含义 1.1.4 车辆基地运作知识 1.1.5 车辆基地设备知识 1.1.6 出勤、退勤的有关要求及流程 1.1.7 行车组织规则对出入车辆基地作业的规定
	1.2 列车整备作业	1.2.1 能检查车钩、走行部、空气管路及阀门等列车外部设备 1.2.2 能检查客室内车门、设备柜、电子柜、各类阀门等设备 1.2.3 能检查司机室内设备柜、电子柜、驾驶台仪器仪表以及辅助设备 1.2.4 能进行牵引、制动、车门、车载通信功能性试验	1.2.1 列车出乘前准备流程 1.2.2 客室设备知识及操作 1.2.3 设备柜设备知识及操作 1.2.4 辅助设备知识及操作 1.2.5 司机室设备知识及操作 1.2.6 车底、走行部设备知识及操作 1.2.7 车载 ATC 设备知识及操作
	1.3 出入车辆基地作业	1.3.1 能确认股道号、进路、出场信号、供电状态、止轮器状态 1.3.2 能使用通信设备与相关岗位进行联控，并进行行车联控动车 1.3.3 能按停车标志准确停车 1.3.4 能识别车辆基地各类信号显示 1.3.5 能完成洗车作业 1.3.6 能驾驶列车出入车辆基地运行	1.3.1 车辆基地线路、信号、供电基础知识 1.3.2 通信设备操作知识 1.3.3 车辆基地运作基础知识 1.3.4 列车制动、缓解方法 1.3.5 列车司机操作手册 1.3.6 列车洗车作业程序和规定 1.3.7 平稳操纵的相关规定和方法 1.3.8 列车制动、缓解方法

续表

职业功能	工作内容	技能要求	相关知识要求
1. 列车操纵	1.4 正线驾驶作业	1.4.1 能完成各种驾驶模式的驾驶操作，能完成不同驾驶模式下的转换，并根据列车运行速度人工驾驶列车准确对标停车 1.4.2 能在列车到站停稳后，按要求执行站台作业 1.4.3 能在不同的线路状况和各种环境下平稳操纵列车 1.4.4 能驾驶列车，完成站台和终点站折返作业 1.4.5 能熟练操作列车广播系统 1.4.6 能按规定执行自控、联控制度 1.4.7 能按要求填写相关司机记录表单和台账	1.4.1 行车组织规则 1.4.2 正线/配线线路知识 1.4.3 轨道、信号、供电、线路标志和信号标志牌知识 1.4.4 线路限速要求 1.4.5 列车司机操作手册 1.4.6 时刻表的组成、关键要素和发车时刻的确认方法
2. 列车故障处理	2.1 列车制动故障处理	2.1.1 能判断、处理停放制动不缓解故障 2.1.2 能判断、处理紧急制动不缓解故障 2.1.3 能判断、处理列车总线故障	2.1.1 司机室制动模块显示屏操控知识 2.1.2 司机室气压表、指示灯显示意义和识别方法 2.1.3 司机与行车调度、车站的联控用语 2.1.4 司机室电器柜制动类旁路开关或空气开关的功能及操作方法 2.1.5 客室制动类开关功能或气路阀门及操作方法 2.1.6 列车停放制动不缓解故障处理程序 2.1.7 列车紧急制动不缓解故障处理程序 2.1.8 列车总线故障处理程序
	2.2 列车车门故障处理	2.2.1 能判断、处理列车司机室侧门故障 2.2.2 能判断、处理列车客室车门故障 2.2.3 能判断、处理列车逃生门故障	2.2.1 司机室车门模块显示屏操控知识 2.2.2 司机室指示灯显示意义和识别方法 2.2.3 司机与行车调度、车站的联控用语 2.2.4 司机室电器柜车门类旁路开关或空气开关的功能及操作方法

续表

职业功能	工作内容	技能要求	相关知识要求
2. 列车故障处理	2.2 列车车门故障处理		2.2.5 客室车门类开关功能及操作方法 2.2.6 列车司机室侧门故障处理程序 2.2.7 列车客室车门故障处理程序 2.2.8 列车逃生门故障处理程序
	2.3 列车牵引故障处理	2.3.1 能判断、处理列车辅助逆变器故障 2.3.2 能判断、处理列车牵引逆变器故障	2.3.1 司机室牵引模块显示屏操控知识 2.3.2 司机室电器柜牵引类旁路开关或空气开关的功能及操作方法 2.3.3 客室牵引类开关功能及操作方法 2.3.4 列车辅助逆变器故障处理程序 2.3.5 列车牵引逆变器故障处理程序
	2.4 列车信号故障处理	2.4.1 能判断、处理信号系统降级运营故障 2.4.2 能判断、处理车载信号故障 2.4.3 能判断、处理自动折返失败故障	2.4.1 司机室信号模块显示屏操控知识 2.4.2 司机室电器柜信号类旁路开关或空气开关的功能及操作方法 2.4.3 客室信号类开关功能及操作方法 2.4.4 列车信号系统降级运营故障处理程序 2.4.5 列车车载信号故障处理程序 2.4.6 列车自动折返失败故障处理程序
	2.5 列车受电弓、受流器故障处理	2.5.1 能判断、处理受电弓故障 2.5.2 能判断、处理受流器故障	2.5.1 列车受电弓故障处理程序 2.5.2 列车受流器故障处理程序
	2.6 列车辅助系统故障处理	2.6.1 能判断、处理列车空气压缩机故障 2.6.2 能判断、处理列车空调故障	2.6.1 列车辅助系统（空气压缩机）故障处理程序 2.6.2 列车辅助系统（空调）故障处理程序
	2.7 站台门故障处理	2.7.1 能判断站台门机械故障 2.7.2 能判断、处理站台门信号故障	2.7.1 站台门机械故障处理程序 2.7.2 站台门信号故障处理程序

续表

职业功能	工作内容	技能要求	相关知识要求
3. 非正常行车及突发事件应急处置	3.1 非正常情况行车	3.1.1 能在非正常情况下驾驶列车推进运行、退行、反向运行 3.1.2 能在非正常情况下采用电话闭塞法驾驶列车运行 3.1.3 能在非正常情况下采用调车方式折返驾驶列车运行 3.1.4 能在非正常情况下驾驶列车进行小交路运行 3.1.5 能在非正常情况下驾驶列车进行单线双向运行	3.1.1 行车组织规则 3.1.2 列车推进运行、退行、反向运行驾驶规定 3.1.3 自动闭塞知识 3.1.4 小交路行车组织方式与流程 3.1.5 列车运行图知识
	3.2 突发事件处理	3.2.1 能按应急处置程序处理乘客求助事件 3.2.2 能按应急处置程序处理乘客解锁车门事件 3.2.3 能按应急处置程序处理乘客擅自进入轨行区事件 3.2.4 能按应急处置程序处理列车夹人夹物事件 3.2.5 能按应急处置程序处理站台门与车门间滞留乘客事件 3.2.6 能按应急处置程序处理列车、站台、区间发生火灾事件 3.2.7 能按应急处置程序处理列车/车站毒气事件 3.2.8 能按应急处置程序处理列车/车站可疑物品 3.2.9 能按应急处置程序处理列车/车站劫持人质事件 3.2.10 能按应急处置程序处理接触网（轨）停电 3.2.11 能按应急处置程序处理接触网（轨）异物 3.2.12 能按应急处置程序处理区间疏散 3.2.13 能按应急处置程序处理线路积水 3.2.14 能按应急处置程序处理列车挤岔 3.2.15 能按应急处置程序处理列车脱轨 3.2.16 能按应急处置程序处理恶劣天气突发事件	3.2.1 乘客求助突发事件处理方法 3.2.2 乘客解锁车门突发事件处理方法 3.2.3 乘客擅自进入轨行区突发事件处理方法 3.2.4 列车夹人夹物处理方法 3.2.5 站台门与车门间滞留乘客突发事件处理方法 3.2.6 列车、站台、区间发生火灾突发事件处理方法 3.2.7 列车/车站毒气突发事件处理流程 3.2.8 列车/车站发现可疑物品突发事件处理流程 3.2.9 列车/车站发生劫持人质突发事件处理流程 3.2.10 接触网（轨）停电突发事件处理流程 3.2.11 接触网（轨）异物突发事件处理流程 3.2.12 区间疏散突发事件处理流程 3.2.13 线路积水突发事件处理流程 3.2.14 列车挤岔突发事件处理流程 3.2.15 列车脱轨突发事件处理流程 3.2.16 各类恶劣天气突发事件处理流程

续表

职业功能	工作内容	技能要求	相关知识要求
4. 列车救援	4.1 故障车救援准备	4.1.1 能进行救援前各项准备工作 4.1.2 能指挥救援列车进行连挂并确认连挂状态 4.1.3 能进行清客等客流组织工作 4.1.4 能指挥救援列车完成救援任务	4.1.1 行车组织规则救援程序 4.1.2 列车救援故障车作业流程 4.1.3 列车连挂作业流程 4.1.4 车钩工作原理 4.1.5 车钩的操作方法 4.1.6 清客作业的原则、流程
	4.2 救援列车开行	4.2.1 能按行调命令执行救援列车任务 4.2.2 能进行清客等客流组织工作 4.2.3 能按规定行车速度行驶至指定位置 4.2.4 能按规定进行与故障车连挂 4.2.5 能确认列车连挂状态及进行试拉 4.2.6 能在列车连挂后按要求驾驶列车完成救援任务	4.2.1 司机与调度联系方法 4.2.2 牵引、推进运行规定 4.2.3 救援连挂的工作流程 4.2.4 手信号与音响信号的显示

4 权重表

4.1 理论知识权重表

表 2　理论知识权重表

项目	技能等级	初级（%）	中级（%）	高级（%）	技师（%）	高级技师（%）
基本要求	职业道德	5	5	5	5	5
	基础知识	15	10	10	5	5
相关知识	列车操纵	35	30	25	20	—
	列车故障处理	20	30	30	25	25
	非正常行车及突发事件应急处置	20	20	30	20	20
	列车救援	5	5	—	—	—
	技术管理与培训	—	—	—	25	45
合计		100	100	100	100	100

4.2 技能要求权重表

表 3　技能要求权重表

项目\技能等级		初级（%）	中级（%）	高级（%）	技师（%）	高级技师（%）
技能要求	列车操纵	40	30	20	20	—
	列车故障处理	30	30	40	40	40
	非正常行车及突发事件应急处置	20	30	40	20	20
	列车救援	10	10	—	—	—
	技术管理与培训	—	—	—	25	40
	合计	100	100	100	100	100

附录 2：城市轨道交通列车驾驶员技能和素质要求

中华人民共和国交通运输行业标准
城市轨道交通列车驾驶员技能和素质要求
第 1 部分：地铁、轻轨和单轨

印发时间：2015 年 09 月 23 日
实施日期：2016 年 01 月 01 日
印发机关：中华人民共和国交通运输部
标准编号：JT/T1003.1—2015

1 范围

JT/T 1003 的本部分规定了城市轨道交通列车驾驶员的基本素质、理论知识、岗位技能、上岗要求和继续教育。

本部分适用于地铁，轻轨和单轨的列车驾驶员。

2 规范性引用文件

下列文件对于本文件的应用是必不可少的。凡是注日期的引用文件，仅注日期的版本适用于本文件。凡是不注日期的引用文件，其最新版本（包括所有的修改单）适用于本文件。

GB/T 30012　　城市轨道交通运营管理规范
GB 50157　　地铁设计规范
GB 50490　　城市轨道交通技术规范

3 术语和定义

GB/T 30012，GB 50157 和 GB 50490 界定的以及下列术语和定义适用于本文件，为了便于使用，以下重复列出了 GB/T 30012，GB 50157 和 GB 50490 中的某些术语和定义。

3.1 城市轨道交通　urban rail transit

采用专用轨道导向运行的城市公共客运交通系统，包括地铁系统、轻轨系统，单轨系统、有轨电车、磁浮系统、自动导向轨道系统、市域快速轨道系统。

[GB 50490—2009，定义 2.0.1]

3.2 列车驾驶员　train driver

从事城市轨道交通列车驾驶作业的人员。

3.3 运营单位　operation company

经营城市轨道交通运营业务的企业。

[GB/T 30012—2013，定义 3.2]

3.4 行车组织　train operation

利用城市轨道交通设施设备，根据列车运行图组织列车运行的活动。

[GB/T 30012—2013，定义 3.4]

3.5 站台门　platform edge door

安装在车站站台边缘，将行车的轨道区与站台候车区隔开，设有与列车门相对应、可多极控制开启与关闭滑动门的连续屏障。

[GB 50157—2013，术语 2.0.51]

3.6 车辆基地　base for the vehicle

地铁，轻轨和单轨系统车辆停修和后勤保障基地，通常包括车辆段，综合维修中心.物资总库，培训中心等部分，以及相关的生活设施。

3.7 非正常情况　degraded condition

因列车晚点，区间短时间阻塞，大客流以及设备故障等原因，造成列车不能按列车运行图正常运营，但又不危及乘客生命安全和严重损坏车辆等设备，整个系统能够维持降低标准运行的状态。

[GB/T 30012—2013，定义 3.5]

3.8 应急情况　emergency condition

因发生自然灾害以及公共卫生，社会安全、运营突发事件等，已经导致或可能导致事故发生或设施设备严重损坏，不能维持城市轨道交通系统全部或局部运行的状态。

[GB/T 30012—2013，定义 3.6]

3.9 应急处置　emergency disposal

在应急情况下，为最大限度地降低损失或危害，防止事态扩大，而采取的紧急措施或行动。

4 基本素质

列车驾驶员应符合下列基本素质要求：

a）年满 18 周岁，男性不超过 55 周岁，女性不超过 50 周岁；

b）身高不低于 160 cm，不高于 190 cm；

c）身体健康，无精神病史或癫痫病史，无运动功能障碍或妨碍安全驾驶的疾病；

d）双眼裸眼视力不低于 0.8（4.9）或矫正视力不低于 1.0（5.0），无色盲、色弱，听力正常；

e）具有技校、中专及以上学历；

f）无酗酒、赌博等不良嗜好，无吸毒等违法犯罪记录；

g）心理健康，具有良好的心理素质和应急反应能力；

h）具有良好的汉字读写能力，并能熟练应用普通话交流；

i）遵章守纪，服从指挥，能严格按照相关规章制度要求行车。

5 理论知识

列车驾驶员具备的理论知识应符合表1的要求。

表 1 列车驾驶员理论知识要求

序号	类别	项目	要求
1	基础知识	1.1 安全基础知识	a）了解用电安全、消防安全、行车安全和机械结构安全、车辆系统安全等基础知识； b）了解轨道交通其他辅助系统的基本安全常识
		1.2 相关法律法规知识	了解安全生产法、劳动安全法、消防法和突发事件应对法等国家相关法律法规、部门规章，规范性文件，以及地方性法规和规章
		1.3 电子、电工、机械和计算机基础知识	a）了解电子电路、电力电子、电气线路和电动客车机械结构、钳工、计量、仪器仪表等基础知识； b）掌握计算机基本理论
		1.4 轨道交通基础知识	a）掌握城市轨道交通系统原理； b）了解通信信号、车辆、供电、轨道线路等设施设备基础知识
2	专业知识	2.1 行车知识	掌握正线和车辆基地的行车组织规则及作业标准
		2.2 乘务管理知识	掌握乘务计划、运作及工作日志相关知识
		2.3 车辆知识	a）掌握车辆结构、组成和功能； b）掌握车辆车钩缓冲装置、门系统、制动系统、空气管路系统、转向架、典型电器等基础知识； c）掌握简单故障处理方法
		2.4 通信、信号知识	a）掌握电动客车通信系统、信号系统的功能及使用； b）掌握简单故障的判别方法及故障处理流程
		2.5 供电、轨道线路和站台门知识	a）掌握与行车相关的供电系统、轨道线路和站台门基本功能； b）了解供电系统、轨道线路的组成及线路标志标识； c）掌握站台门类型
		2.6 乘客服务知识	掌握列车广播应用及突发事件处理等基本知识

续表

序号	类别	项目	要求
3	运营线路知识	3.1 行车组织知识	a）了解线网架构、线网密度、线网规模、车站站位、客流换乘流线等基础知识和各级应急预案； b）掌握本线路行车组织办法
		3.2 安全规章制度	掌握运营单位安全管理相关规定和应急预案
		3.3 设施设备情况	a）掌握线路特征及线路附属设施设备布局； b）掌握车辆基地线路及线路附属设施设备布局； c）掌握站台门布局

6 岗位技能

列车驾驶员具备的岗位技能应符合表2的要求。

表 2　列车驾驶员岗位技能要求

序号	类别	项目	要求
1	基本技能	1.1 出退勤作业	掌握出退勤作业的流程及内容，正确完成出退勤作业
		1.2 列车整备作业	掌握一次出乘准备、列车动静态检查等作业内容，正确完成列车整备作业
		1.3 列车出入场作业	掌握列车出入场作业流程，正确完成列车出入场作业
		1.4 正线驾驶作业	掌握不同驾驶模式的列车操纵、折返作业、列车客室车门/站台门开关作业、交接班作业、线路限速、进出站作业的驾驶要求，正确完成正线驾驶作业
		1.5 车辆基地作业	掌握列车洗车、调车、试车线作业流程，正确完成车辆基地作业
		1.6 行车命令执行作业	掌握行车标准用语，正确完成行车命令的接收、复诵、执行和交接作业
		1.7 列车设备基本操作	掌握列车客室车门、站台门、列车广播、人机界面、车载空调和照明等操作方法，正确完成列车设备的基本操作
		1.8 正线配合调试作业	掌握正线调试的作业流程和安全关键点，正确完成正线配合调试作业

序号	类别	项目	要求
2	专业技能	2.1 非正常情况下的行车作业	掌握突发事件、设备故障和恶劣天气条件下的行车要求，严格按照标准术语及处置流程及时报告突发事件，正确完成非正常情况下的行车作业
		2.2 列车故障应急处置作业	掌握列车制动故障、列车客室车门故障、牵引故障、通信信号故障等常见故障诊断方法以及应急升弓等应急情况操作方法，正确完成相关应急操作
		2.3 列车故障救援作业	掌握列车故障救援程序，正确完成故障车或救援车的准备、连挂和运行作业
		2.4 乘客应急疏散作业	掌握乘客应急疏散程序，正确完成各种情况下的乘客应急疏散作业

7 上岗要求

7.1 列车驾驶员上岗前应符合下列要求：

a）接受不少于 300 学时的理论知识培训和不少于 2 个月的岗位技能培训；

b）通过理论知识考试和岗位技能考试；

c）在经验丰富的列车驾驶员指导和监督下驾驶，里程不少于 5000 km。

7.2 列车驾驶员离开驾驶岗位连续 6 个月以上，应经过学习考试，合格后方可继续上岗。

7.3 列车驾驶员转入不同线路从事驾驶工作前，应经过学习考试。

8 继续教育

8.1 列车驾驶员上岗后每年应接受不少于 80 学时的继续教育，继续教育内容除应包括表 1 和表 2 的理论知识和岗位技能外，还应包括相关政策法规、事故案例和行业新技术等。

8.2 列车驾驶员应每 3 年参加 1 次继续教育考试，通过后方可继续从事列车驾驶工作。

8.3 列车驾驶员的培训、考试和继续教育等情况应纳入运营单位的人员档案。

附录 3：城市轨道交通列车司机心理素质测试规范

城市轨道交通列车司机心理素质测试规范
——心理认知测试方法

印发时间：2022 年 02 月 11 日
实施日期：2022 年 03 月 01 日
印发机关：中国城市轨道交通协会
发文字号：中城轨〔2022〕16 号
标准编号：T/GAMET 30001—2022

1 概述

心理认知采用轨道交通列车司机心理认知测试系统进行测试。测试开始前，系统会向受试者播放指导性说明。

2 心理认知测试方法

2.1 注意力测试

2.1.1 注意力测试技术参数

注意力测试技术参数如下：

a）方格的形状：正方形；

b）方格的个数：49 个；

c）方格的排列顺序：7×7 方格；

d）数字组成：0、1、2、3……48，共 49 个数字；

e）采用美国约瑟夫·布洛克注意力分配与转移测试量表；

f）测试精度：0.01 s。

2.1.2 注意力测试方法

受试者坐姿端正，距离测试计算机显示器 0.4 m～0.7 m 之间。在测试开始之前，受试者有 1 次练习机会。开始正式测试后要求受试者由"0"开始，"0"位于方格中央，其余 48 个数字呈随机排列按照从小到大的顺序，在方格上依次把 1、2、3……直到 48 之间所有的数字全部找出，找到数字后点击鼠标左键划掉该数字。正式测试共 1 次，记录受试者完成时间。

2.2 反应能力测试

2.1.1 反应能力测试技术参数

反应能力测试技术参数如下：

a）光刺激信号：黄、红、蓝三种颜色灯光；

b）声音干扰刺激信号：蜂鸣器声音；

c）光信号刺激持续时间为一直持续；

d）信号刺激方式：信号循环链随机出现；

e）随机信号刺激总次数：30次；

f）受试者与计算机显示器距离：0.4～0.7 m；

g）测试精度：0.001 s。

2.2.2 反应能力测试方法

受试者坐姿端正，距离测试计算机显示器0.4 m～0.7 m之间。在测试开始之前，受试者需要戴上耳机，并且有1次练习机会。开始正式测试后，当被指定的颜色信号灯亮时，受试者应按键盘上相对应的按钮，当听到蜂鸣声，并伴随信号灯亮时，受试者不做任何操作。记录受试者对每一盏灯的反应时间、反应错误次数，并计算平均反应时间。

2.3 学习能力测试

2.3.1 学习能力测试技术参数

学习能力测试技术参数如下：

a）方格的形状：正方形；

b）方格的个数：15个；

c）数字组成：0、1、2、3、4、5、6、7、8、9，共10个；

d）特殊符号：—、⊥、]、」、÷、)、∧、×、=、&，共10个；

e）测试时间：90 s。

2.3.2 学习能力测试方法

受试者坐姿端正，距离测试计算机显示器0.4 m ～0.7 m之间。在测试开始之前，受试者有1次练习机会。开始正式测试后，受试者会看到10个特殊符号，每个符殊对应一个数字，需要在90 s的时间内按照从左至右的顺序，将符号所对应的数字依次输入。记录受试者输入正确的个数。

2.4 判断能力测试

2.4.1 判断能力测试技术参数

判断能力测试技术参数如下：

a）运动物形状：模拟列车；

b）列车出现次数：共10次；

c）列车在隧道中的运行时间：1.04 s 或 2.08 s；

d）测试精度：0.001 s。

2.4.2 判断能力测试方法

受试者坐姿端正，距离测试计算机显示器0.4 m～0.7 m之间。在测试开始之前，受试者有 1 次练习机会。开始测试后,受试者将在计算机显示器上看到一列模拟列车从左侧沿一条水平轨道匀速运动,列车运行一段距离后,车头进入一段隧道继续以该速度匀速运动,判断列车通过隧道所需的时间,并迅速按下应答键。正式测试共 10 次。记录受试者每次速度估计的时间,并计算偏差值。

2.5 作业平稳性测试

2.5.1 作业平稳性测试技术参数

作业平稳性测试技术参数如下:

a)方格的形状:正方形;

b)方格的边长:1 cm;

c)蓝色方格的个数:每行 11 个,共 10 行;

d)白色方格的个数:每行 11 个,共 10 行;

e)方格的排列方式:每两个蓝色方格中间是一个白色方格;

f)数字组成:0、1、2、3、4、5、6、7、8、9,共 10 个;

g)蓝色方格中数字的颜色:白色;

h)白色方格中数字的颜色:黑色。

2.5.2 作业平稳性测试方法

受试者坐姿端正,距离测试计算机显示器 0.4 m～0.7 m 之间。在测试开始之前,受试者有 1 次练习机会。开始测试后,受试者将在计算机显示器上看到一个由若干一位数字横向排列而成的表格,要求受试者将白色方格两边蓝色方格中的数字做加法运算,将运算结果的个位数字按照要求填入白色方格内。记录受试者每页完成的个数、错误次数,并计算平均完成数、错误率和平稳度。

3 心理认知测试评价方法

3.1 注意力评价指标及评价结论

注意力用注意力数值来评价,见下表 1。

表 1 注意力评价等级

级别	A	B	C	D
上限	71	120	169	—
下限	—	72	121	170

3.2 反应能力评价指标及评价结论

反应能力用平均反应时间和错误反应次数评价。

注:取两个单维度测试项目等级较差的结果为反应能力测试项目最终评定等级。

3.2.1 平均反应时间维度评价

表 2　反应能力-平均反应时间评价等级

级别	A	B	C	D
上限	0.75（含）	1.49（含）	2.13（含）	—
下限	—	0.75（不含）	1.49（不含）	2.13（不含）

3.2.2 错误反应次数维度评价

表 3　反应能力-错误反应次数评价等级

级别	A	B	C	D
上限	3（含）	10（含）	18（含）	—
下限	—	3（不含）	10（不含）	18（不含）

3.3 学习能力评价指标及评价结论

学习能力用正确个数评价，见下表。

表 4　学习能力评价等级

级别	A	B	C	D
上限	—	49（含）	34（含）	19（含）
下限	49（不含）	34（不含）	19（不含）	—

3.4 判断能力评价指标及评价结论

判断能力用平均差值评价，见下表。

表 5　判断能力评价等级

级别	A	B	C	D
上限	3.01（含）	8.73（含）	13.83（含）	—
下限	—	3.01（不含）	8.73（不含）	13.83（不含）

3.5 作业平稳性评价指标及评价结论

作业平稳性用错误率和平稳度评价。

注：取两个单维度测试项目等级较差的结果为作业平稳性测试项目最终评定等级。

3.5.1 错误率维度评价

表 6　作业平稳性-错误率评价等级

级别	A	B	C	D
上限	1.73%（含）	4.09%（含）	6.58%（含）	—
下限	—	1.73%（不含）	4.09%（不含）	6.58%（不含）

3.5.2 平稳度维度评价

表 7 作业平稳性-平稳度评价等级

级别	A	B	C	D
上限	5.09（含）	14.8（含）	24.56（含）	—
下限	—	5.09（不含）	14.8（不含）	24.56（不含）

4 心理认知水平评价结果

评价级别如下：

a）等级为 A：即上述 5 项指标中，没有 C 级及以下等级项，司机心理认知水平好；

b）等级为 B：即上述 5 项指标中，C 级及以下等级项不超过 2 项，司机心理认知水平较好；

c）等级为 C：即上述 5 项指标中，C 级及以下等级项达到 3 项，司机心理认知水平一般，需要注意；

d）等级为 D：即上述 5 项指标中，C 级及以下等级项超过 3 项，司机心理认知水平差。

5 心理素质测试要求

5.1 测试环境要求

a）室内温度 0～28℃，相对湿度不大于 70%，照度不小于 75lx。

b）每个测试项目场地应各自独立，避免相互干扰。

c）为保证测试结果真实性，司机在参加心理测试前应保证充足的睡眠和休息，不得饮酒或其他可能对测试结果产生影响的行为。

5.2 测试实施要求

a）心理测试周期一般情况下保一年一次。

b）特殊情形时也可安排司机进行心理测试，如在司机选拔、新司机入职、司机转岗等涉及员工接触新岗位的情形；或出现重大事件、事故、离岗 6 个月以上等对司机心理可能产生影响时，均可开展心理测试。

6 心理认知水平测试成果表

城市轨道交通列车司机心理认知测试成绩表见下表。

表 8 城市轨道交通列车司机心理认知测试成绩表

姓名		性别		出生日期	
身份证号					
单位					
测试时间	年 月 日		测试地点		
测试等级：					
测试项目			测试成绩		

续表

注意力	
反应能力（平均反应时间）	
反应能力（错误反应次数）	
学习能力（正确次数）	
判断能力（平均偏差值）	
作业平稳性（错误率）	
作业平稳性（平稳度）	

参考文献

[1] 徐胜南，李坤妃. 城市轨道交通行车安全心理学[M]. 北京：人民交通出版社，2022.

[2] 张厚粲，许燕. 心理学导论[M]. 北京：北京师范大学出版社，2020.

[3] 彭聃龄，陈宝国. 普通心理学[M]. 6版. 北京：北京师范大学出版社，2024.

[4] 埃里克·希雷. 心理学史[M]. 2版. 北京：机械工业出版社，2022.

[5] 杨艳群，郑新夷，等. 交通心理学手册[M]. 北京：人民交通出版社，2023.

[6] 湖北省人才中心. 心理素养培育[M]. 北京：中国劳动社会保障出版社，2021.

[7] 黄磊，郭艳伟，杨娟. 职业素养[M]. 北京：中国人民大学出版社，2024.

[8] 交通运输部运输服务司. 道路交通安全心理学[M]. 北京：人民交通出版社，2019.

[9] 薛振洲，张哲，等. 机车行车安全心理学[M]. 西安：西安交通大学出版社，2018.

[10] 张晗柏. 基于人格特质的地铁列车司机人因失误研究[D]. 昆明：昆明理工大学，2023.

[11] 叶龙，褚福磊，郭名，等. 城市轨道交通列车司机心理素质测试标准的研究[J]. 城市轨道交通，2022（02）：55-57.

[12] 王禹，徐向华，李星汉. 地铁列车驾驶员个性特征与工作绩效的关系研究[J]. 铁路节能环保与安全卫生，2020，10（04）：51-56.

[13] 宁维卫，罗维惟，刘媛媛，等. 列车驾驶员心理健康状况初步调查与建议[J]. 西南交通大学学报（社会科学版），2019，20（06）：93-103.

[14] 李家群，许奇良，陈康义. 基于心理评估的员工心理健康体系建设——宁波轨道交通电客车司机群体的实施案例[J]. 企业改革与管理，2018（14）：45-47.

[15] 王慧霞. 列车驾驶员心理调适保健研究[J]. 法制与社会，2015（33）：188-189.

[16] 毛昱洁. 电动列车驾驶员的综合素质培养研究[J]. 中国现代教育装备，2015（19）：119-122.

[17] 张霞. 基于职业适应性的地铁司机选拔及测评方法研究[D]. 北京：北京交通大学，2015.

[18] 贾晓波. 心理适应的本质与机制[J]. 天津师范大学学报（社会科学版），2001，（01）：19-23.